LES MORTS ONT LA PAROLE

www.kennesles3as.com

Photo de couverture : © Fergregory
Dépôt légal : D/2022/13.105/1024 | R21/2024
ISBN : 978-2-3807-5697-5 | NUART : 51-2695-4

Les 3 As - SRL – 34, Route de Lillois – 1472 Vieux-Genappe – Belgique

Achevé d'imprimer par Elcograf SPA

Dr Philippe
BOXHO

LES MORTS ONT LA PAROLE

Kennes

TABLE DES MATIÈRES

INTRODUCTION

Le livre que vous tenez entre les mains est né de mon désir de raconter le quotidien du médecin légiste, mon métier depuis plus de trente ans. Cette profession, bien qu'essentielle, est fort méconnue du grand public, en dehors des histoires véhiculées par les séries et les romans policiers, souvent assez peu réalistes. Il était important pour moi de rétablir certaines vérités, de lever le voile sur un métier qui charrie encore son lot de mythes et de légendes, en vous invitant à me rejoindre sur quelques scènes de crime et d'accident.

J'ai néanmoins décidé de ne pas vous parler des missions les plus emblématiques de ma carrière liégeoise puisque mon territoire d'activité s'étend essentiellement aux provinces de Liège et du Luxembourg belge. Ainsi je ne parlerai pas de la catastrophe de Stavelot en 1998, quand un camion a dévalé une rue en pente raide et a explosé dans le quartier historique de la ville ; l'affaire Stacy et Nathalie, du nom des deux petites filles qui, en 2006, ont été enlevées et tuées dans le quartier Saint-Léonard à Liège ; la catastrophe de la rue Léopold à Liège qui, en 2010, a fait quatorze victimes lors de l'explosion, de l'incendie et de l'écroulement de deux immeubles ; l'attentat de la place Saint-Lambert où, en 2011, un dénommé Nordine Amrani a ouvert le feu sur la foule, tuant et blessant de nombreux passants, dont des écoliers ; les attentats du boulevard d'Avroy en 2018, quand Benjamin Herman a assassiné deux policières et un jeune homme avant d'être abattu par les forces de l'ordre. Je n'en parlerai pas, car chacun peut facilement identifier ces affaires qui restent encore bien vives dans nos mémoires et surtout celles des familles des victimes.

Non, j'ai choisi de vous présenter des cas quotidiens, du tout-venant de la pratique médico-légale, car ce sont ces histoires qui sont représentatives de notre travail d'expert, tant quant au type de dossiers que quant aux découvertes que nous sommes amenés à faire au service de la justice comme de la science. Il s'agira donc de relater, avec tout le respect et le recul que l'exercice requiert, les suicides les plus imaginatifs, les meurtres maquillés en accident, les débats houleux en cour d'assises ou encore certaines scènes d'accident peu communes.

J'ai décidé aussi de ne pas traiter ces histoires sur un ton larmoyant : la mort n'est pas dramatique pour celui qui meurt, elle ne l'est pas non plus pour celui qui en fait son métier. Chaque personne que j'examine est un objet de travail, elle ne devient sujet que quand sa famille m'en parle. C'est pour ce motif que je n'aime pas rencontrer les familles avant d'examiner un défunt ; je les rencontre après l'examen si elles le souhaitent et si le magistrat le permet.

La médecine légale n'est pas un métier triste, comme vous le constaterez à la lecture de ces récits, tous vécus. Le respect que l'on doit au défunt est le même que celui que l'on doit au vivant, et j'ai toujours pensé que c'était au nom de ce respect que je manipulais et autopsiais les défunts pour chercher les causes de leur décès. Ne soyez donc pas étonnés que je traite ces histoires sur un ton humoristique. Ce n'est en aucun cas un manque de respect. C'est de la mort que nous nous amusons, voire de ses circonstances, mais jamais du mort lui-même.

Enfin, toutes ces histoires sont vraies, en ce sens que les constatations médico-légales sont vraies, mais je les ai, bien entendu, romancées pour les rendre plus agréables à lire que de simples rapports médico-légaux. J'ai inventé les prénoms de même que la contextualisation de ces histoires, ou du moins la part que j'en ignore. Mais pour le reste, tout ce que vous lirez dans ce livre est réel, rien n'est inventé. Ce n'est d'ailleurs pas nécessaire tant la réalité se suffit à elle-même, tant l'imagination humaine est, vous allez le voir, libérée quand il s'agit de tuer, de se suicider, de faire disparaître un corps.

Comment devient-on médecin légiste ?

J'imagine bien la première question qui vous vient à l'esprit, qui est sans conteste celle qu'on m'a le plus posée en trente ans de métier : comment devient-on médecin légiste ? Je vous rassure : cela ne m'a pas pris soudainement en me levant le matin. Comme pour chacun – car finalement, médecin légiste est un métier (presque) comme un autre –, ce choix a été le résultat à la fois d'une longue réflexion, de rencontres et de l'une ou l'autre fulgurance.

À 18 ans, l'âge où tout est possible, je voulais être prêtre. J'avais été élevé dans une famille catholique, j'étais catholique, je servais la messe tous les samedis et les dimanches et j'y faisais même les lectures et distribuais la communion avec le curé de notre paroisse, un homme d'aspect sévère, mais au cœur d'or. Je faisais mes études secondaires chez les pères jésuites et j'hésitais quant à mon avenir. La prêtrise me tentait beaucoup, j'adorais étudier l'évangile, rencontrer les gens, aider ceux qui en avaient besoin, et je me sentais prêt.

Depuis de nombreuses années, j'accompagnais à Lourdes des amis, dont un père jésuite avec lequel je garde les meilleurs contacts depuis l'âge de 15 ans. Nous nous mettions au service de l'Hospitalité Notre-Dame de Lourdes pendant quelques semaines durant les vacances d'été. Cet été 1983, j'étais de service aux piscines lorsque l'évêque de mon diocèse est arrivé dans la piscine où je servais pour y être plongé. Après cette séance, il est sorti et je l'ai suivi pour lui parler de ma vocation, c'était une occasion inespérée. Nous nous sommes assis sur un banc au bord du Gave, la rivière qui traverse Lourdes, et avons discuté pendant un peu moins d'une heure, au terme de laquelle il m'a conseillé de faire d'abord des candidatures, l'ancêtre des bacs, à l'université avant de revenir le trouver si je persistais dans ma demande. J'étais vraiment heureux de cette rencontre et je comptais bien suivre son conseil.

L'université était abritée dans un grand bâtiment plutôt sombre et impressionnant situé au plein cœur de ma ville, Liège. J'allais m'inscrire en première année, mais j'hésitais entre la médecine et le droit. Deux matières bien différentes, mais qui avaient ceci en commun de s'adresser à l'homme en général et de permettre de résoudre des problèmes qui se posent à lui. J'ai gravi l'escalier monumental pour arriver à l'étage du rectorat, là où l'on s'inscrivait. À l'époque, les inscriptions se faisaient à la main, les ordinateurs n'étaient pas encore ce qu'ils sont aujourd'hui, Internet n'existait pas et les téléphones étaient encore attachés au mur. En racontant cela, j'ai l'impression d'être un dinosaure. J'étais dans le couloir et j'ai très longuement hésité. Droit ou médecine ? J'avais tiré tellement de fois au sort avec une pièce de monnaie que j'étais arrivé à une répartition de 50/50, ce qui ne m'aidait nullement. Au bout d'une heure d'attente, alors que l'heure de fermeture approchait et me rendant compte que je ne serais pas plus avancé si je revenais le lendemain, je me suis décidé : je suivrais le prochain étudiant-inscripteur qui viendrait appeler un étudiant, que ce soit pour le droit ou pour la médecine. C'était une étudiante qui inscrivait pour la médecine et un étudiant qui inscrivait pour le droit. Ils sont arrivés en même temps à la porte. Poli, l'étudiant qui inscrivait pour le droit a laissé passer l'étudiante qui inscrivait pour la médecine et je me suis donc inscrit en médecine.

Les cours étaient passionnants, les professeurs également, je découvrais la matière scientifique, moi qui avais fait des humanités gréco-latines qui ne m'y prédisposaient pas vraiment. Au terme de la première année, j'ai rencontré à nouveau l'évêque de Liège, Monseigneur van Zuylen, et lui ai confié que j'avais abandonné l'idée de la prêtrise. Il n'était guère surpris, car, selon lui, je n'avais pas vraiment la foi, mais une soif intellectuelle qui ne lui correspondait guère. Il avait raison, mais j'ai encore mis quelques années à m'en rendre compte. Je suis devenu athée sans être anticlérical du tout et ai encore quelques amis prêtres, même à l'Opus Dei, ou prêtres défroqués. Je regrette d'ailleurs de ne plus avoir la foi : c'est tellement beau, l'espérance !

Les études de médecine avançaient, je suis devenu élève-assistant en anatomie topographique, c'est-à-dire en dissection, fonction que j'ai remplie durant quatre ans et qui m'a permis d'avoir une connaissance très approfondie de l'anatomie humaine, ce qui, je ne le savais pas encore, allait m'être bien utile. Durant cette période, j'ai participé, avec un condisciple, à des travaux de recherche sur les transplantations myocutanées du muscle grand dorsal pour le professeur Fissette. Ce condisciple, devenu un brillant neurochirurgien, avait mis au point une technique qui permettait de visualiser les vaisseaux sanguins et leurs différentes ramifications, mais il fallait pour cela un appareil radiographique. Le plus proche était celui de la médecine légale et c'est ainsi que j'ai eu mon premier contact avec l'IML (Institut médico-légal). J'ai été intrigué par la technique autopsique et j'ai demandé au professeur André si je pouvais assister à une autopsie. Cela ne pouvait se faire que dans le cadre d'un stage en médecine légale, réalisable parmi toutes les options de stage qui s'offraient à nous. J'ai donc fait ce stage. À son terme, le professeur André et son successeur, le professeur Brahy, m'ont proposé un poste d'assistant que j'ai refusé. Je voulais être médecin généraliste.

À la fin de mes études, le service militaire m'attendait. Je ne disposais d'aucune possibilité de l'éviter et je l'ai accepté avec joie, je me disais que ce pourrait être une belle expérience. Comme je n'avais pas non plus de priorité légale qui m'aurait permis de rester en Belgique, j'étais assuré de partir auprès des forces belges casernées en Allemagne durant un an. Après une formation militaire d'un mois à Gand, me voilà expédié en Allemagne, à

Werl, au 3e bataillon d'artillerie. J'y suis resté un an, y ai participé à tous les déplacements et manœuvres, ce qui m'a valu d'aller deux fois en Crète et de voler de très nombreuses fois en hélicoptère Alouette 2. Mais le plus intéressant était de pouvoir soigner non seulement les militaires, mais également leurs familles. Tout d'un coup, c'étaient 1500 personnes qui devenaient mes patients potentiels alors que, dans le civil, il fallait attendre de nombreuses années pour obtenir une telle patientèle et l'expérience qui en découle. J'ai été très heureux à l'armée, ça a été une très belle période de ma vie. J'avoue l'avoir quittée avec beaucoup de peine.

Retour au civil, raide et brutal, du jour au lendemain. J'ai ouvert un cabinet de médecine générale et, après quinze jours, j'ai reçu un coup de téléphone qui allait changer ma vie. Le professeur Brahy m'invitait à un déjeuner pour parler d'avenir. Nous nous sommes retrouvés quelques jours plus tard, le 8 octobre 1991, dans un restaurant proche de l'IML, « L'Entrecôte », que je trouvais bien choisi, au moins pour le nom. Georges m'attendait, plongé dans le menu qu'il connaissait pourtant par cœur. Je ne voulais pas lâcher la médecine générale et nous avons conclu que j'entrerais, à mi-temps, au service de médecine légale. Dès le 9 octobre, j'y devenais assistant indépendant.

Durant deux ans, j'ai pratiqué la médecine générale et appris la médecine légale tout en suivant une formation en évaluation du dommage corporel. Cela devenait très difficile de faire ces deux métiers simultanément. La médecine générale exige une disponibilité de tous les instants et la médecine légale également. De plus, pour poursuivre ma formation de médecin légiste, je devais suivre un master en criminologie, passage obligé à l'époque où il n'existait pas de formation spécifique en médecine légale. J'ai donc dû faire un choix cornélien, mais indispensable et j'ai choisi la médecine légale, qui était devenue une vraie passion dans laquelle je m'épanouissais. Si la médecine légale n'avait pas été mon premier choix, elle l'était devenue et je ne le regretterais jamais.

La scène de crime

Impossible de les ignorer : elles peuplent nos écrans de télévision et notre vie depuis les années 2000. Nos enfants ont grandi avec ces séries qui ont, il est vrai, suscité pas mal de vocations dans le domaine criminalistique et dans celui de la médecine légale. Mais, avant d'entrer plus avant dans le sujet, il me tient à cœur d'expliquer comment les choses se passent « en vrai » et, dans un deuxième temps, de tordre le cou à quelques idées fantaisistes trop largement répandues.

Tout le monde connaît le sigle CSI, pour « *Crime Scene Investigation* », une discipline nouvelle qui s'est largement développée dans le monde entier depuis que la trace ADN est devenue la reine des preuves en matière de criminalistique, imposant même, selon les pays, la rédaction de lois qui, outre le fait de réglementer l'utilisation de l'ADN, règlent la scène de crime.

Trois principes régissent la criminalistique moderne dont le but est double : identifier l'auteur d'une infraction et identifier la manière dont il a procédé. Le premier principe de la criminalistique est celui de Locard. Edmond Locard (1877-1966), médecin et juriste, avait fondé à Lyon en 1910 le premier laboratoire de police scientifique au monde. C'est en sa mémoire qu'Interpol a basé ses bureaux dans cette même ville. J'ai simplifié sa pensée dans une phrase : « Tout contact laisse une trace. » Ce médecin légiste de génie avait eu la prescience, à une époque où l'ADN n'avait pas encore été découvert, où les techniques modernes d'investigation n'existaient pas, que chaque contact d'un individu avec un objet ou une personne de son environnement laisse une trace.

Une simple fibre de vêtement laissé par l'auteur sur le corps de sa victime ou un seul cheveu peut permettre de faire avancer l'enquête, mais nous ne sommes pas dans ces séries américaines qui se résolvent toutes grâce à de simples traces. Dans la réalité, il y a que fort peu d'affaires qui se résolvent de cette façon, je n'en ai connu que trois en trente ans. Très souvent, les éléments que rapporte le laboratoire sont utiles pour faire avancer le dossier, elles en sont un élément, mais c'est l'enquête qui permet de confondre un coupable.

La recherche des traces sur une scène de crime a engendré la spécialisation du personnel du laboratoire de la police judiciaire. Il fait partie de la police technique, ce sont les « techniciens de la scène de crime », ou plus simplement « le labo ». Ces techniciens sont formés expressément pour identifier, prélever et conserver les indices trouvés sur une scène de crime, indices que nous appelons donc « traces ».

Pour pouvoir prélever un maximum d'éléments ou d'indices pertinents, il a fallu organiser la préservation du lieu où les faits avaient été commis. C'est ainsi qu'a été créée la « scène de crime », francisation du concept anglais de « *Crime Scene* », qui peut induire en erreur, car le mot *crime* en anglais signifie plutôt « délit » que « crime », ce dernier évoquant immédiatement un homicide volontaire. Or, le principe de la scène de crime peut être appliqué à tous les lieux où une infraction a été commise. Il ne s'agit donc pas seulement des scènes d'homicide, mais également de lieux où des vols ont été commis, voire où des accidents sont survenus.

Chaque scène de crime est spécifique, mais elle répond néanmoins à un schéma commun. L'endroit où les faits ont été commis ou, dans notre cas, l'endroit où se trouve le corps est appelé « zone d'exclusion judiciaire ». D'autres termes peuvent le définir, mais celui-là est le plus fréquemment utilisé. C'est la pièce où se trouve le corps, ou une zone de plusieurs mètres carrés si c'est à l'extérieur. Les techniciens y pénètrent, revêtus de la fameuse combinaison Tyvek qui permet de ne perdre aucune fibre et de n'en capter aucune provenant de la scène de crime. Elle est neutre et couvre tout le corps, y compris les cheveux que nous perdons au taux de 100 unités par jour en moyenne, chacun porteur de notre précieux ADN qui nous identifie formellement. De quoi bien polluer une scène de crime. Ils portent également des gants pour éviter de déposer leurs empreintes digitales, un masque pour éviter la dispersion de salive, porteuse de notre ADN également, et des couvre-chaussures pour ne rien déposer qui viendrait de nos semelles et ne rien prendre sous nos semelles qui serait ainsi soustrait à la scène de crime. Ils doivent être les plus neutres possibles afin de ne rien perturber. Nul ne peut entrer dans cette zone sans avoir reçu l'autorisation du labo.

Autour de cette zone, une deuxième zone dite « zone d'isolation » reçoit tous les intervenants, policiers, magistrats et experts, avant leur entrée sur la scène de crime. C'est une zone sécurisée où le magistrat reçoit les premières informations et décide des premiers pas de l'enquête. C'est là que celle-ci démarre. Autour de cette deuxième zone, une troisième et dernière zone est appelée « zone de dissuasion » où l'on retrouve, pêle-mêle, les proches du défunt avant qu'ils ne soient pris en charge par les services d'aide aux victimes ou par les enquêteurs, les voisins, la presse, les curieux.

Si les acteurs des séries sont de vrais mannequins qui se déplacent dans des voitures rutilantes, la réalité est quelque peu différente. Un vol est commis dans une habitation, la police intervient et constate qu'il y a de nombreux dégâts et traces de fouille. Comme la propriétaire n'a touché à rien et n'a donc pas altéré la scène de crime, appel est fait au labo de venir relever les éventuelles traces laissées par les auteurs. Ce jour-là, c'est mon ami Jean-Robert qui est de garde. Une pièce d'homme de 1,86 mètre pour 105 kg, qui porte la barbe et arbore un sourire quasiment permanent. La police a quitté les lieux en disant à la propriétaire : « Surtout ne touchez à rien, le labo arrive. » « Le labo, comme dans *Les Experts* ! » La propriétaire se console, elle va voir ses héros en vrai... Et voici Jean-Robert qui se présente au volant... de la Renault Kangoo du laboratoire. Il veut se garer. La dame se précipite : « Non, non, vous ne pouvez pas vous garer là, c'est pour le labo.» Et Jean-Robert de répondre : « Mais, Madame, le labo, c'est moi!» Et la dame, visiblement déçue, de lui rétorquer : « Eh bien, ça casse le mythe.» Jean-Robert s'en est remis.

Le deuxième principe de la criminalistique est celui d'Adolphe Quételet (1796-1874), un mathématicien et statisticien belge dont je résume la pensée par cette maxime : « Chaque objet est unique.» Il avait cette conviction à une époque où il ne disposait pas des moyens d'aujourd'hui pour vérifier à quel point il avait raison. Aujourd'hui, les techniques permettent d'associer une arme avec le projectile qu'elle a tiré avec une certitude surprenante, une chaussure avec une trace de pas, un cheveu avec son propriétaire, une trace de peinture de voiture sur un poteau avec le type de véhicule qui l'a laissée, une fibre avec le pull dont elle s'est séparée, une empreinte digitale avec son auteur, etc. Et pour chacune de ces traces, il existe une personne spécialisée dans ce type de trace, un expert.

L'expert judiciaire ne doit pas être confondu avec le technicien de la scène de crime. Contrairement à ce que montrent les séries, ce sont deux métiers différents qui peuvent, parfois, être exercés par la même personne, mais ce n'est pas une règle générale. Il existe des experts pour tout : spécialistes en fibres synthétiques, en fibres animales, en fibres végétales, en ampoules de phares de voiture, en peinture de voiture, en roulage, en incendie, en informatique, en balistique, en traces de pas, en traces de poudre, en traces de terre, en toxicologie, en empreintes digitales, en médecine légale, etc. En fait, quelle que soit la matière, même la plus inimaginable, elle peut faire l'objet d'une expertise scientifique. J'ai même rencontré un expert en parapluies. Ces experts forment ce que l'on appelle la « police scientifique », même si peu nombreux sont les policiers parmi eux.

La médecine légale, ma spécialité, fait partie de la criminalistique et participe à la recherche de l'auteur et de sa manière de procéder en répondant à deux questions : « De quoi la victime est-elle décédée ?» et « Quand est survenu son décès ?»

Le troisième principe, je n'ai trouvé personne d'éminent pour l'énoncer, mais je le synthétise ainsi : « Une fois parti, jamais il ne revient. » C'est fragile, une trace. Un cheveu ou une fibre, ça s'envole, une empreinte digitale, une trace de sang, ça s'efface. C'est pour protéger tous les indices qu'existent les techniciens et le concept de la scène de crime.

Alors, les séries, en quoi (se) trompent-elles ?

Tout d'abord, en matière d'habillement. Personne, sur une scène de crime cinématographique, ne revêt jamais les protections pourtant bien nécessaires pour éviter de contaminer la scène. En France comme en Belgique, procéder ainsi est une faute professionnelle. Ceci dit, les combinaisons que portent les techniciens, des espèces de sacs, sont peu sexy et absolument pas cinégéniques.

Certaines autres erreurs manifestes viennent se glisser ci et là dans nos séries, toutes plus incongrues les unes que les autres, surtout aux yeux des experts, dont je fais partie. Ainsi, j'ai vu saigner une prothèse en bois, c'était donc la première prothèse en bois néovascularisée au monde ! Ailleurs, la forme d'une fracture du crâne respectait parfaitement la forme de l'objet qui avait servi à assener le coup, comme si celui-ci avait laissé son empreinte, ce qui est impossible. Ailleurs encore, l'évolution putréfactive d'un corps en milieu liquide avait été « imitée » : au lieu d'un corps gonflé, on découvrait que la peau se décollait du visage. Enfin, une jeune fille mourait noyée dans une vasque de champagne ; une lentille de contact y était retrouvée et un ADN pouvait en être extrait. Il s'agit là d'une mission parfaitement impossible en raison de l'effet de l'alcool sur les cellules et sur l'ADN qu'elles contiennent.

Ce n'est pas fini. Quand un corps est découvert, les lieux sont toujours très propres, en particulier s'il s'agit d'une pièce d'habitation. On dirait qu'ils ont été nettoyés avant le meurtre à la seule fin d'être certain que toutes les traces que l'on y trouve soient en relation avec le meurtre. Et, de fait, toutes les traces ont toujours un rapport avec le meurtre. Dans la réalité, les lieux sur lesquels on descend sont souvent dans un état de saleté inimaginable. Vous seriez surpris du nombre de gens qui vivent dans la crasse ! Mieux vaut être vacciné contre le tétanos.

Il y a vingt ans, les experts des séries pouvaient tout faire. C'est heureusement moins le cas aujourd'hui, où les experts ont chacun leur domaine de spécialisation. J'aurai l'occasion de le redire : « On ne fait bien que ce que l'on fait d'habitude », et encore, on peut avoir des défaillances.

La plupart du temps, les techniques que l'on découvre dans les séries existent, comme quand on révèle une empreinte digitale par vaporisation de cyanoacrylate dans une espèce d'aquarium en verre puis la photographie et l'implémente dans le fichier informatique. C'est effectivement comme cela que l'on procède avec des objets de taille moyenne. Par contre, il est toujours surprenant de voir le nombre inouï d'identifications réalisées grâce aux empreintes digitales. C'est à croire que toute la population est fichée, ce qui n'est le cas ni en France ni en Belgique.

Dans les séries, toutes les enquêtes se résolvent par des traces. Ce constat est tellement ancré dans l'imaginaire que certains jurys américains ont refusé de reconnaître un coupable parce que l'on n'avait pas trouvé de trace ADN sur la scène de crime. Pas d'ADN, pas de coupable. Le problème, c'est que la réalité ne correspond pas nécessairement à la fiction et qu'on ne trouve pas toujours de trace sur les scènes de crime. Poussée à l'extrême, cette façon de réfléchir nous amènerait à penser que sans trace, il n'y a pas de crime.

Enfin, les séries nous présentent des professionnels souvent aux prises avec leurs émotions (pour rendre les personnages plus attachants, sans doute). Or, un expert judiciaire doit être neutre, c'est une garantie pour chacune des parties. La neutralité impose la maîtrise de ses émotions. Ce n'est pas qu'il ne faut rien ressentir, mais il ne faut pas que les émotions prennent le dessus. Ce n'est pas toujours facile, en particulier avec les autopsies d'enfant !

En conclusion, il faut regarder ces séries pour ce qu'elles sont réellement, à savoir un divertissement; elles n'ont d'ailleurs jamais manifesté aucune autre prétention. Une fois ces précisions apportées, je vous invite à m'accompagner sur les scènes de crime. Bien équipés, vous l'aurez compris...

LES MORTS ONT LA PAROLE

Mort vivant

« Allô, Docteur ? J'aimerais que vous alliez voir un mort, il n'y a rien de suspect, mais je préfère vous envoyer pour être certain. »

C'est l'époque où – en tout cas dans la région liégeoise – le médecin légiste est envoyé pour examiner toutes les personnes décédées de mort violente, c'est-à-dire quasiment tous les meurtres et suicides, mais aussi toutes les personnes décédées seules à leur domicile. Ce système est efficace, puisqu'il permet de découvrir des meurtres qui seraient autrement passés inaperçus. Aujourd'hui, le médecin légiste n'est plus appelé que dans le cas des morts suspectes, c'est-à-dire uniquement si on suspecte l'intervention d'un tiers. Avec ce système, nous n'avons plus la possibilité de découvrir un meurtre qui aurait pu passer inaperçu, ce qui signifie qu'il y a des meurtres qui ne sont jamais découverts.

L'avantage, quand on est appelé par le procureur, c'est de pouvoir se garer même là où c'est interdit, sans toutefois gêner la circulation. Les policiers sont généralement heureux de nous voir arriver, mettant fin à une longue attente qu'ils n'ont pas envie de prolonger inutilement. C'est vrai que nos délais sont parfois longs, la circulation est dense en ville et notre intervention n'est pas urgente comme peut l'être celle d'une ambulance. Il y a quelques années, des médecins légistes ont demandé à pouvoir bénéficier d'un gyrophare bleu et d'une sirène, ce qui leur a été refusé par le ministère des Transports au motif qu'examiner un mort n'était jamais une urgence. C'est certainement vrai, mais cela allonge d'autant plus nos délais d'intervention.

Quand j'arrive dans la rue où se trouve le défunt, je ne cherche jamais le numéro de la maison, mais bien la voiture de police. En général, celle-ci est garée juste en face. Ce jour-là, je me gare devant un building d'une dizaine d'étages. À mon arrivée, je vois un policier un peu stressé, l'air très énervé, qui me dit : « Monte vite, il est vivant. » J'ai alors cette réflexion empreinte d'intelligence et de bons sens que l'on peut résumer en un seul mot :

« Hein ?

— Il est vivant, j'attends l'ambulance, ils vont arriver, monte vite. »

Pour aller plus vite, je prends les escaliers et en arrivant au premier étage, je me rends compte que je ne sais pas à quel étage je dois m'arrêter. Qu'importe, je suis certain que, dès que je verrai une porte ouverte, ce sera là. Effectivement : c'est au deuxième étage, dans un studio où un homme est couché au sol, entouré de deux policiers. Je salue tout le monde et demande à l'homme couché au sol, que nous allons appeler Bernard, ce qu'il fait là, ainsi couché par terre. Il m'explique qu'il est tombé et qu'il n'a pu se relever. La discussion s'engage avec Bernard, j'essaie de comprendre pourquoi il est tombé. Je lui demande s'il a mal quelque part, depuis combien de temps il est là, si cela lui arrive souvent de tomber ainsi et Bernard m'explique qu'il n'a mal nulle part, que c'est la première fois depuis qu'on lui a mis une prothèse totale de hanche, mais il ne sait pas depuis combien de temps il est couché là. J'en déduis qu'il a luxé sa prothèse de hanche, ce qui a eu pour effet de le déséquilibrer et de le faire tomber.

Je marche sur du courrier qui jonche le sol et qui montre qu'il y a deux jours qu'il n'a plus été relevé, tandis qu'en promenant mon regard dans la pièce, je ne peux manquer de voir d'autres « cadavres » qui jonchent le sol un peu partout et qui témoignent du fait que Bernard est un fervent adepte de la consommation d'une célèbre marque de bière bon marché.

C'est pendant que je fais ces constats qu'arrivent les services de secours, tout étonnés de me voir sur place. Il est vrai que, d'habitude, ils arrivent avant moi. Je leur fais part de mes constatations et leur précise que Bernard doit être là depuis un maximum de deux jours, ce qui est important, car il faut envisager qu'il est en hypothermie, c'est-à-dire qu'il a certainement perdu de la température en étant couché sur un sol froid en carrelage et qu'il risque, de plus, de développer un *crush syndrome*. Le *crush syndrome* est une pathologie qui survient quand les tissus cutanés, notamment, n'ont pas reçu d'oxygène depuis trop longtemps parce que le sang ne circule plus. C'est ce qui se passe lorsque, comme Bernard, on reste au sol dans la même position durant plusieurs heures.

Les services de secours l'emportent, ma mission est finie avant même d'avoir commencé. Pour la petite histoire, Bernard vivra encore de nombreuses années. Une fois Bernard embarqué, je demande aux policiers de m'expliquer ce qu'il s'est passé. Ils ont été appelés pour « une personne ne répondant pas aux appels », terminologie classique pour dire qu'on s'inquiète de l'absence de réponse d'une personne, d'autant plus si c'est une personne qui vit seule, ce qui est le cas de Bernard. Lors de leur intervention, les policiers ont forcé la porte et découvert Bernard inanimé. Ils l'ont appelé, il n'a pas répondu. Puis ils ont constaté la présence de larves d'insectes près du corps, signe, pour eux, que la putréfaction avait débuté, ce qui est une observation parfaitement logique. Ils ont alors prévenu le substitut du procureur qui m'a requis et envoyé sur place.

En m'attendant, ils ont tenté d'identifier formellement Bernard, ce qui est indispensable. Pour ce faire, ils ont cherché ses papiers d'identité qui, malheureusement, n'étaient pas visibles dans la pièce et, comme Bernard portait un costume muni d'un veston, ils ont pensé bien naturellement que le portefeuille devait se trouver dans sa poche intérieure, comme chez tous ceux qui portent un veston. Bernard étant couché sur le ventre, l'un des deux policiers, le plus intrépide, a passé sa main entre le sol et le corps de Bernard. Il a glissé sa main dans la poche intérieure du veston, y a trouvé le portefeuille, l'a saisi et a commencé à le retirer. C'est à ce moment-là que le « mort » lui a attrapé le bras. Imaginez la surprise et la peur du policier ! De quoi lui coller un infarctus s'il avait eu le cœur sensible. Et pourtant, leur réflexion était bonne, des larves de mouches étaient bien présentes, mais puisque Bernard n'était pas mort, il ne putréfiait pas. Alors comment expliquer leur présence ? Il y a, en fait, deux autres situations principales dans lesquelles des larves de mouches peuvent être présentes.

Mais commençons par le début. Les insectes, et notamment les mouches, peuvent être attirés par l'odeur que dégage le cadavre. À chaque stade de putréfaction, une odeur différente et des insectes différents qui viennent sur le cadavre. On les appelle « nécrophages » ou « nécrophiles », selon qu'ils viennent pour se nourrir du cadavre ou manger les insectes nécrophages. Ensemble, ils forment l'entomofaune, ou faune d'insectes, du cadavre et la discipline qui les étudie s'appelle l'entomologie médico-légale ou entomologie forensique.

Ils apparaissent sur le cadavre dès les premières heures de la mort, ce qui signifie que, même si nous ne les sentons pas, le cadavre émet très rapidement des odeurs qui attirent les insectes. Les premiers qui arrivent sur le corps, vous les connaissez, ce sont les mouches, vertes, bleues ou noires. Elles portent des noms scientifiques variés comme *Musca domestica* pour la mouche noire, *Lucilia sericata* pour la mouche verte, *Calliphora vomitoria*, la bien nommée, pour la mouche bleue, et *Calliphora vicina* pour la mouche bleue de la viande. Elles viennent parfois de loin, parcourent des dizaines de kilomètres, attirées par une odeur qui filtre par une fenêtre à peine entrouverte. Quel que soit le dégoût qu'elles peuvent nous inspirer, les mouches permettent de dater le moment du décès avec parfois une précision d'orfèvre, comme nous le verrons dans un prochain chapitre.

Les premières mouches sont attirées par la dégradation ammoniacale qui touche les tissus. Bernard avait uriné sous lui et les mouches, attirées par l'odeur, étaient venues pondre. C'est ce qui a amené les policiers à croire que Bernard était décédé et déjà en voie de putréfaction.

Les mouches ont plus d'une utilité : si certaines sont comestibles et très riches en protéines, d'autres sont d'excellentes nettoyeuses de plaies. Leurs larves s'attaquent exclusivement aux tissus morts, nécrosés, et les consomment. De cette manière, elles nettoient la plaie même lorsqu'elle est infectée.

C'est ce que j'ai pu constater en un beau jour d'été. Je suis appelé pour le cas très particulier d'un monsieur qui vit à côté de son épouse, âgée de 82 ans, décédée dans leur lit. Tous les soirs, il la rejoint au lit et dort avec elle. Quand les policiers la découvrent, ils la croient morte, de même que le médecin qu'ils appellent pour constater le décès. Je suis à mon tour appelé par le magistrat à cause des circonstances très particulières de ce cas. Lors de mon examen, je comprends vite que cette dame n'est pas morte, parce qu'elle ne présente aucun des signes habituels du décès. Je fais donc appel au SAMU, qui arrive rapidement sur place. Nous évaluons la situation ensemble et constatons que si on la bouge, elle risque de mourir. Son niveau de conscience est très bas, elle est complètement déshydratée, elle ressent la douleur et grimace sitôt qu'on la touche.

Les mouches sont venues pondre leurs œufs, devenus larves, aux endroits humides, c'est-à-dire aux endroits où la peau est en contact avec les draps, là où se répand la sueur, mais aussi aux endroits où s'est répandue son urine, car cette dame, dépourvue de soins et de capacité de quitter son lit, a uriné sur elle. C'est d'ailleurs la présence des larves qui a convaincu tant la police que le médecin qu'elle était décédée. Difficile de dire depuis combien de temps ça dure, mais cela doit faire au moins une semaine, vu la taille des larves.

En nettoyant les escarres qui se sont formées suite à la macération de la peau du dos engendrée par l'attrition (une carence en oxygène des cellules cutanées qui entraîne leur nécrose) des tissus cutanés, puisque cette dame ne bouge plus, additionnée à la présence de liquide, nous observons que la nécrose des tissus cutanés a fait son chemin et le bonheur des larves qui s'en délectent. Je la soulève pour voir dans quel état est son dos et je suis particulièrement surpris de constater que la nécrose est tellement avancée que, par endroits, la peau a complètement disparu et laisse voir la cage thoracique.

Alors que je la soulève délicatement, elle émet des gémissements de douleur bien compréhensibles qui prouvent qu'elle a encore un certain niveau de conscience. Le SAMU la sédate et l'emmène à l'hôpital où elle décédera peu après, sans avoir repris conscience.

Quant au mari, il sera placé en maison de repos où il reprendra des forces, mais il ne se souviendra pas de la période du décès de son épouse, étant lui-même déshydraté, ce qui a engendré un état proche de la démence.

« Allô, Docteur ? Pourriez-vous vous rendre... pour y examiner une morte, vous allez voir, c'est spécial. » Le substitut est pressé, visiblement débordé, car il n'a pas pris le temps de m'expliquer ce qui est si spécial. Sur place, je découvre que les tentures mortuaires qui ornent les façades des défunts ont déjà été installées par les pompes funèbres, ce qui m'étonne. Je suis en train de me dire qu'ils sont rapides dans la région quand un policier vient à ma rencontre et m'explique ce qu'il s'est passé. C'est une histoire inimaginable, à tel point que je n'y croirais pas si je ne l'avais vécue.

Lucette est décédée de mort naturelle, à l'âge de 85 ans, « une belle mort », me dit-on, ce qui me fait toujours rigoler, car je ne pense pas qu'il y ait de belle mort. Le médecin a constaté le décès et a complété le certificat. La famille fait venir les pompes funèbres qui préparent le corps, le lavent, l'habillent et le déposent dans un cercueil, lui-même déposé sur une table de présentation dans la maison de Lucette. Les visites débutent le jour même et Jeannine, sa voisine et amie depuis toujours, depuis l'école primaire, vient rendre un dernier hommage à son amie défunte. Alors que Jeannine est face au cercueil, tout à coup, Lucette se relève et dit : « Oh, Jeannine, c'est gentil d'être passée me voir ! » Jeannine s'effondre, foudroyée par une crise cardiaque.

Lucette a fait une longue crise de catalepsie qui est passée pour une mort véritable, tant auprès du médecin traitant que des employés des pompes funèbres.

Ces histoires nous rappellent la peur qu'ont certains d'être enterrés vivants, peur qui a connu son apogée en Angleterre à l'époque victorienne (1837-1901).

Pour pallier cette crainte et par intérêt mercantile, certains fabricants de cercueils ont fait preuve d'imagination en créant des cercueils pouvant s'ouvrir de l'intérieur, ou munis d'une cloche à l'extérieur pouvant être actionnée depuis l'intérieur par une corde. Ça devait être marrant, ces cimetières, quand le vent faisait sonner partout les petites cloches.

Beaucoup d'histoires circulent à ce sujet. Qui n'a pas entendu raconter que, lors d'une exhumation, on a constaté que les cheveux et la barbe du mort avaient poussé, que le mort s'était retourné dans son cercueil, qu'il avait gratté l'intérieur de son cercueil avec ses ongles, etc. ? Tout n'est pas faux. En effet, lors de la mort, toutes les cellules ne meurent pas en même temps. Ainsi, les cellules cutanées qui produisent barbe et cheveux continuent à être actives, ce qui fait que ceux-ci poussent encore de quelques millimètres. Si cette croissance est invisible pour les cheveux, sauf chez quelqu'un qui se rasait la tête, elle est parfaitement perceptible pour la barbe chez un homme qui se rasait.

Que le mort se retourne dans son cercueil est surprenant et certainement une déformation amplifiée du fait que, souvent, la position du corps n'est plus la même au moment de la mise en terre, notamment à cause du transport. À titre d'exemple, quand j'étais jeune, je servais la messe à la paroisse de Cointe. Il pouvait arriver, quand l'enterrement se faisait à la crypte, que les pompes funèbres doivent basculer le cercueil sur le côté pour lui permettre de passer par des portes trop étroites. Quant à la paroi du cercueil grattée, je n'en ai jamais vu et ce pourrait bien n'être qu'une légende urbaine.

Enfin, rassurez-vous : une personne enterrée vivante ne survivra pas au-delà de quinze minutes. Notre organisme a besoin d'oxygène atmosphérique (O2) pour survivre. Dans des enceintes closes comme un cercueil enterré sous au moins 1,5 mètre de terre, l'air ne peut circuler et se renouveler. Le décès se fait par carbonarcose, c'est-à-dire que le taux de CO2 (dioxyde de carbone) que l'organisme fournit lui-même par consommation de l'O2 commence par endormir avant que la mort ne survienne par arrêt cardiaque. En clair, le temps de sortir du cimetière et de saluer ceux qui sont venus rendre un dernier hommage et le temps de survie est dépassé.

Nous sommes en Irlande, dans un petit cimetière local, le 12 octobre 2019. Il fait froid, mais plein soleil. Le cercueil de Shay est au fond du trou lorsque sa voix se fait entendre : « *Let me out*[1] *!* ». Après un moment d'étonnement, éclats de rire : Shay, qui a toujours été un bon vivant, a fait sa dernière blague.

La scène a été filmée et vous pouvez facilement la retrouver sur Internet en tapant le nom de Shay Bradley. « Il faut sourire à la mort avant qu'elle ne nous sourie. » Shay lui a souri même après qu'elle l'a emporté, belle performance !

---

1 « Laissez-moi sortir ! »

Meurtrière, ou presque

Philippe est l'heureux père d'une jolie jeune fille nommée Marie, il n'a pas d'autre enfant et s'est séparé de son épouse il y a de nombreuses années. Depuis lors, il vit seul en appartement, sauf une semaine sur deux où Marie le rejoint, c'est sa semaine de garde. Aujourd'hui, Marie est majeure, elle pourrait donc décider de ne plus suivre cette pratique mise en place par décision du juge de la famille à l'époque où il s'appelait encore juge de la jeunesse, mais elle continue par habitude.

Marie a 20 ans et les garçons s'intéressent beaucoup à elle, mais elle a tous les trucs pour les éloigner et les décourager. Un seul est parvenu à l'approcher et à devenir son petit ami, mais cela n'a pas duré longtemps. Pourtant, Max était très gentil, prévenant, attentionné, pas oppressant, et son père avait été heureux lorsqu'elle le lui avait présenté. Il avait même ouvert une bonne bouteille pour fêter ça.

Il faut dire que Philippe avait eu peur : il déteste les homosexuels, « ces dégénérés qui accomplissent des actes contre nature ». « La preuve que ce n'est pas naturel, c'est qu'il n'y a pas d'homosexuels chez les animaux… Il faut les soigner, ces malades, ces pervers », bref toute la litanie bien connue de l'homophobe de base que je ne compte pas reproduire ici. Mais Marie sait qu'elle préfère les filles. Elle le pressent depuis longtemps, l'a toujours refoulé, mais, là, elle doit se rendre à l'évidence : elle est homosexuelle et sa première relation le lui confirme de la manière la plus claire qui soit.

Marie présente Amélie à son père comme une simple amie. En guise d'accueil, Philippe se lance aussitôt dans sa diatribe habituelle : « Ah, on voit bien que tu n'es pas une gouine, tant mieux, parce que ma fille ne me ramène jamais de garçon, alors je m'inquiète quand elle ramène une fille », et de poursuivre avec les poncifs habituels.

Le temps passe, la relation entre Marie et Amélie évolue, elles sont amoureuses et cela se voit, si bien que Philippe s'en rend compte et qu'une violente dispute éclate entre Marie et son père. Celui-ci frappe les deux jeunes femmes. C'en est trop pour Marie qui estime que son père ruine sa vie et elle décide d'en finir avec lui. Sans le dire à Amélie, Marie revient une nuit à la maison de son père. Tout est éteint, il dort certainement. Discrètement, sans faire de bruit, elle entre, coupe l'alarme et se rend directement dans le salon où, dans un tiroir, se trouve l'arme de son père.

Philippe lui a montré cette arme à de nombreuses reprises, elle doit servir à se défendre contre les « Bougnoules » s'ils venaient à s'en prendre à lui ou à sa fille ou s'ils tentaient de pénétrer dans la maison. En attendant ce jour, Philippe nettoie régulièrement son pistolet 9 mm chaque fois qu'il revient du stand de tir. Il paraît qu'il n'est pas mauvais tireur... et Marie non plus. Marie a souvent accompagné son père, a tiré, connait les règles de maniement d'une arme à feu, ce qui fait la fierté de son père qui l'arrose de paroles telles qu'« il faut savoir se défendre dans la vie, tout le monde devrait avoir une arme ».

L'arme est là qui attend ses victimes. Marie le sait. Elle s'empare de l'arme, la « chambre » (la met en mode prêt au tir, ce qui se fait en tirant le canon de l'arme vers l'arrière), entre à pas feutrés dans la chambre de son père, devine dans la pénombre une masse sur le lit, son père, et vide le chargeur de l'arme dans son corps. Treize coups de feu. Marie dépose l'arme vide sur le lit. Elle s'enfuit.

Le lendemain matin, je reçois un coup de fil du substitut du procureur : « Allô, Docteur ? Pourriez-vous vous rendre à..., il y a un monsieur qui a été tué par arme à feu, c'est la femme d'ouvrage qui l'a découvert en arrivant ce matin. » À mon arrivée, le labo a fini ses travaux et on attend le juge d'instruction. Dans l'attente, j'entre dans l'habitation pour faire mes premières constatations.

Depuis trente ans, je pratique toujours de la même manière, je dépose mon sac de descente à l'entrée, à côté de ceux du labo, soit en milieu sécure, puis je mets mes mains dans mes poches pour éviter de déposer mes empreintes digitales et je fais le tour des lieux. Je cherche des éléments qui m'instruiraient sur l'état de santé du défunt, un mot qu'il aurait laissé, des traces diverses comme des traces de sang, etc. J'examine la pièce dans laquelle il se trouve, à la recherche de n'importe quoi qui pourrait être intéressant puis je prends la température de la pièce et je note si le chauffage fonctionne, si une fenêtre est ouverte, bref je constate les conditions thermiques dans lesquelles le corps se trouve, car elles seront fondamentales pour tenter d'estimer le moment du décès.

Ensuite seulement, je me rapproche du corps, je le découvre et l'examine tel qu'il se présente sans toucher à rien. Je note tout : position du corps, est-il couvert, jusqu'à quelle hauteur, quel type de couverture : drap ou édredon, de quelle qualité, combien de couches, y a-t-il des traces d'écoulement sur les draps? Le corps de Philippe est en décubitus latéral gauche, en chien de fusil. Ce sont les mots que nous utilisons pour dire qu'il est couché sur le côté gauche, en position fœtale, la position la plus fréquente du dormeur. Son visage est tourné du côté de la porte d'entrée de la chambre. Il est couvert jusqu'au cou par un drap et une seule couverture peu épaisse. Je retire la couverture et le drap, dévoilant le corps. Il est habillé d'un pyjama en tissu synthétique.

« Docteur, qu'en penses-tu ? » C'est la juge d'instruction, l'une des premières à avoir été nommées à Liège, qui est arrivée dans la pièce et que je n'ai pas entendue. « Il est mort. » Je laisse un temps, j'adore faire ça, avoir une réponse qui surprend, un peu à côté de la plaque, mais cette juge-là me connaît depuis longtemps et sait à quoi je joue, alors elle attend la suite en souriant. Et puis j'ajoute : « C'est tout ce que je peux te dire, je ne l'ai pas encore examiné, mais je vois des impacts de projectile qui me font penser qu'une arme à feu a été utilisée. »

Là-dessus, je prends la température du corps pour permettre d'évaluer le moment du décès pendant que la juge demande qu'appel soit fait à l'expert en balistique, Édouard Tombeur.

Après l'inspecteur principal de police pensionné Jean Jamar dont il a pris la succession, Édouard Tombeur est le deuxième expert en balistique que je connais. Il est pensionné de la Fabrique nationale (FN) où il a travaillé comme commercial, ce qui l'a conduit à travers le monde pour vendre les armes produites par la FN, la plus grande fabrique d'armes en Belgique, basée à Herstal, près de Liège, avec un tropisme marqué pour l'Amérique latine, terre favorable à l'achat d'armes. C'est ainsi qu'il s'est retrouvé au Nicaragua sous la dictature des Somoza avec lesquels il entretenait des relations commerciales favorables, jusqu'au jour où les troupes sandinistes ont renversé Somoza, le 19 juillet 1979, et où il a dû fuir le pays en pleine guérilla. C'est aussi dans l'un de ces pays d'Amérique latine qu'il s'est pris une rafale de mitrailleuse dans les jambes. Il en a guéri, mais conserve des douleurs aux changements de temps, banale séquelle d'un accident qui aurait bien pu lui coûter la vie. Édouard a eu une vie très riche et c'est toujours un plaisir de l'entendre raconter ses souvenirs lors de repas mémorables pris au retour de nos descentes.

Selon mes calculs, qui ne sont qu'une première approximation, le décès a eu lieu vers 23 heures, ce qui pose problème, car le programme de l'alarme montre qu'elle a été coupée à 2 heures 30. Il me faut le poids du corps pour aller plus loin dans mon évaluation et nous le pèserons en salle d'autopsie. En effet, nous allons l'autopsier vu qu'il est évident qu'un tiers est intervenu, un tiers qui a été en mesure de couper l'alarme.

D'ailleurs, la femme d'ouvrage a été surprise de trouver l'alarme coupée quand elle est arrivée alors que Philippe était si systématique qu'il n'oubliait jamais de la brancher. Or, selon elle, il n'y a qu'une personne qui en connaissait le code à part Philippe et elle-même : Marie. Et Marie est introuvable...

Vers 11 heures du matin, en salle d'autopsie, le corps pesé, je débute mes travaux. Une autopsie se déroule toujours de manière complète et systématique, selon le même schéma de travail. Tout le corps sera autopsié même si, par exemple, la seule lésion visible est la trace du passage d'un projectile en transcrânien. Certains aimeraient, au nom d'un prétendu respect du corps, que, puisque la cause du décès est visiblement le passage transcrânien d'un projectile, l'autopsie se borne à l'examen du seul segment crânien. Or, le droit pénal exige, pour son application, un niveau de certitude très élevé.

Je connais personnellement, par mon travail, quatre personnes qui sont toujours vivantes après qu'un projectile leur a traversé le crâne, dont le général d'une armée d'Europe centrale qui a eu le crâne traversé du frontal à l'occiput, pile entre les deux hémisphères cérébraux, emportant sur son passage la calotte crânienne occipitale. On lui a posé une membrane de caoutchouc en lieu et place de l'os crânien. Il souffre de crises d'épilepsie, doit porter un casque de manière quasiment permanente pour éviter les traumatismes crâniens qui pourraient lui être fatals en l'absence de matière osseuse résistante. S'il vit, c'est qu'on n'en meurt pas nécessairement, même lorsque le projectile est une balle de guerre. Cela signifie nécessairement qu'il y a des exceptions. À moi de démontrer par l'autopsie si nous sommes dans le contexte d'une exception ou pas.

En fait, l'autopsie sert à démontrer non seulement la cause du décès, mais aussi l'absence de toute autre cause. Ainsi, il faut démontrer ici si le passage transcrânien du projectile est la seule cause de décès possible. Pourquoi n'ai-je pas écrit : « Il faut démontrer que » plutôt que « Il faut démontrer si » ? Ça aurait pourtant été plus clair et plus correct. J'ai écrit « si » parce que le médecin légiste, en tant qu'expert judiciaire, doit être neutre et cette neutralité doit aussi s'exprimer à travers sa démarche autopsique. Il ne doit pas partir d'idées préconçues, il doit être prêt à recevoir toute trace et tout indice avec l'esprit ouvert à toute interprétation, pourvu qu'elle soit rationnelle.

La démarche autopsique doit impérativement être inductive, c'est-à-dire qu'il faut d'abord rassembler toutes les traces et tous les indices trouvés sur et dans le corps avant de poser un diagnostic de décès. Cette démarche s'oppose à la démarche déductive qui consiste à partir d'hypothèses et de vérifier si elles s'appliquent, ce qui constitue le meilleur moyen de passer à côté de la vraie cause du décès. C'est pour éviter ce biais de la pensée déductive que nous autopsions toujours à deux, de manière à permettre la confrontation d'idées. Quand j'autopsie avec l'un de mes assistants, ce n'est plus le prof qui dirige un élève, ce sont deux médecins légistes qui font leur boulot avec la même qualité, à égalité d'idées.

Et puis le respect dû à un mort, ce n'est pas ne pas l'ouvrir, idée qui date du Moyen Âge, à une époque où l'Église ne voulait pas entendre parler de l'autopsie des corps, car, sitôt que l'on aurait découvert l'anatomie se poserait nécessairement la question de savoir « comment ça marche » ; la porte de la physiologie serait alors ouverte et on en viendrait à se questionner sur l'âme censée diriger le corps, sur le lieu où elle se trouve et sur son existence même. Et c'est exactement ce qui est arrivé, mais c'est une autre histoire ! Le respect dû à un mort, c'est avant tout de tout faire pour lui rendre justice, et l'autopsie en est un élément déterminant.

Marie a bien appris de son père : toutes les balles ont touché le corps, certaines l'ont même traversé. Il aurait été fier de sa capacité de tirer juste, même en situation de stress et dans le noir. Même à courte distance, cela reste une performance.

Dès l'examen des premiers orifices, ceux du dos, je vois qu'il y a un problème. Tous ont un aspect *post-mortem*, c'est-à-dire qu'ils paraissent avoir été créés après la mort de la personne. Nous distinguons les lésions selon qu'elles sont « vitales », produites du vivant de la victime, ou *post-mortem*, c'est-à-dire produites alors que la victime était déjà morte, ou encore « agoniques », à savoir produites alors que la victime était en train de mourir. C'est par leur aspect qu'on peut le déterminer.

Après la mort, le sang ne se trouve plus ni dans les artères ni dans les capillaires, mais seulement dans les veines. C'est une chose qui est connue depuis Galien (129-201), père de la médecine, après Hippocrate (460-377 avant Jésus-Christ), qui en était plutôt un précurseur. Galien a observé des corps défunts et a vérifié qu'il n'y a pas de sang dans les artères, mais bien dans les veines, les capillaires n'étant pas encore connus. Pendant des siècles, suite à cette observation, on a pensé que le sang circulait dans les veines tandis que l'air circulait dans les artères et que les échanges entre les artères et les veines avaient lieu dans le cœur, à travers des pores de la paroi cardiaque qui sépare les parties gauche et droite du cœur. Aujourd'hui, nous savons que Galien a juste découvert la répartition du sang en *post-mortem*.

Quand on crée une lésion cutanée, même superficielle, du sang coule à cause des capillaires lésés par la blessure. Si l'on coupe la peau d'un mort, le sang ne coule pas, car les capillaires sont vides. C'est ce qui fait la nuance, et quelle nuance !

Je suis perturbé : toutes les lésions dorsales ont donc un aspect *post-mortem*, ce qui n'est pas normal. Je suis pressé de retourner le corps et de vérifier l'aspect des autres orifices. À l'ouverture de la cage thoracique, je peux vérifier qu'un projectile a traversé le cœur de part en part, mais que peu de sang s'est écoulé. À l'examen des orifices antérieurs, je comprends vite qu'ils ont été produits, eux aussi, en *post-mortem*. Je dois donc me résoudre à trouver une potentielle autre cause de décès. C'est en ouvrant la boîte crânienne que je la découvre.

Je retire d'abord l'os crânien à la scie à plâtre puis j'ouvre la dure-mère qui est la plus externe et la plus résistante des méninges et qui constitue une enveloppe qui entoure le cerveau. C'est dans cet espace entre la dure-mère et le cerveau que je découvre une hémorragie cérébrale que l'on qualifie d'hémorragie sous-durale (sous la dure-mère) de très grande ampleur, dont l'origine est un anévrisme rompu du polygone de Willis, véritable carrefour où tous les vaisseaux qui irriguent le cerveau se retrouvent et répartissent le sang vers les différentes parties du cerveau. Cette zone est bien connue pour être à l'origine d'anévrismes particulièrement redoutables parce qu'ils engendrent le plus souvent le décès de la victime lorsqu'ils se rompent. L'hémorragie cause une hyperpression sur le cerveau et, comme la boîte crânienne n'est pas extensible, le cerveau s'engage dans le trou occipital, ce trou qui est à la base du crâne et par lequel le cerveau se prolonge par la moelle épinière. Lorsque le cerveau est repoussé par l'hyperpression engendrée par l'hémorragie cérébrale, il est comprimé sur le pourtour de ce trou. Des zones du cerveau sont alors écrasées, le sang n'y passe plus et les neurones qui les constituent meurent.

Le problème, c'est que c'est à cet endroit que se situent deux « centres », des amas cellulaires, particulièrement importants pour notre survie : un centre qui détermine l'activité cardiaque et un autre qui détermine l'activité respiratoire. Si les cellules de ces centres sont comprimées, elles ne reçoivent plus de sang et donc plus d'oxygène, elles meurent et la respiration de même que le cœur s'arrêtent, entraînant la mort. Ce processus porte le nom d'engagement cérébral.

À l'évidence, c'est ce qui est arrivé à Philippe, il a vraisemblablement saigné dans son crâne à cause d'une rupture d'anévrisme alors qu'il dormait, vu la position de dormeur dans laquelle on l'a retrouvé. Il n'a pas senti ce qui lui arrivait et est décédé durant son sommeil sans avoir eu la moindre possibilité de savoir qu'il était en train de mourir.

Comme je dis souvent avec un brin d'humour : « Il ne sait pas qu'il est mort. » C'est une phrase dépourvue de sens rationnel, mais qui parle clairement à ceux auxquels je la dis, souvent des familles de défunt. Rationnellement, cette phrase n'a aucun sens puisqu'un mort ne sait ni ne connaît plus rien, le cerveau étant détruit de même que la conscience qui est le résultat de son activité, mais, pour celui qui la reçoit, elle signifie que le défunt n'a pas eu conscience de mourir et qu'il n'a pas souffert.

Et voilà la solution à l'écart horaire qui existe entre le moment du décès que j'ai évalué vers 23 heures et l'arrêt de l'alarme vers 2 heures 30. Lorsque Marie a tiré sur son père, il était déjà mort depuis plus de trois heures.

Persiste un souci : si Philippe était déjà mort quand Marie lui a tiré dessus, elle ne l'a pas tué puisqu'il était déjà mort. Elle n'est donc pas condamnable ni même poursuivable pour meurtre, même si elle l'aurait certainement tué s'il avait été vivant puisqu'une balle a traversé le cœur de part en part. Elle n'est donc pas une meurtrière, même si elle en a bien eu l'intention et a utilisé un moyen parfaitement adéquat pour y parvenir.

Marie a eu beaucoup de chance, espérons qu'elle saura en profiter.

Allô, Papa ?

Le travail quotidien du médecin légiste, c'est évidemment d'identifier la cause de la mort et de vérifier si elle est due à l'intervention d'un tiers, de déterminer le moment du décès, mais également d'identifier la personne qu'il examine. Pour ce dernier objectif, nous sommes aidés par la police et par toutes sortes d'éléments comme la carte d'identité, le domicile du défunt, etc. Si la plupart du temps, l'identification ne pose pas de problème, il existe quelques cas où elle en pose, et de fameux.

Ainsi, j'ai eu dans mes frigos durant plus de trois ans le corps d'un noyé qui n'a jamais été identifié. J'avais relevé tous les éléments nécessaires et réalisé également tous les prélèvements utiles pour une identification. En désespoir de cause, le Parquet a fini par donner l'autorisation de le faire enterrer sous X, soit comme une personne inconnue.

Jacques est chez lui, où il vit seul avec sa fille, Maureen, depuis le décès de Françoise, son épouse, d'une « longue et pénible maladie », périphrase largement utilisée pour ne pas dire le mot « cancer », qui la rongeait depuis plus de dix ans. Ça a été un réel soulagement de la voir partir, surtout à cause des souffrances des derniers temps.

Ils avaient eu Maureen sur le tard, un accident de parcours. Ils avaient essayé à plusieurs reprises d'avoir un enfant, mais sans succès. Françoise faisait malheureusement des fausses-couches à répétition auxquelles les médecins n'avaient pas trouvé de solution. Ils avaient fait leur deuil. Alors que la ménopause s'installait, ils avaient eu Maureen, un cadeau du ciel un peu tardif, mais qu'ils avaient reçu avec bonheur.

Françoise est morte au début de l'été, au début des vacances scolaires. Après l'enterrement, Maureen a eu le besoin de prendre l'air et de partir quelque temps sans vraiment savoir où, « au petit bonheur », comme elle l'a dit à son père en chargeant son sac à dos. Maureen est une jeune fille hardie, qui n'a peur de rien et surtout pas de se faire agresser. Adepte de l'auto-stop, elle a déjà parcouru toute la France et l'Italie de cette manière-là, seule ou accompagnée par son amie de toujours, Sandra. Mais Sandra n'est pas libre. Qu'à cela ne tienne, Maureen part seule, elle en a besoin.

Maureen est une jeune fille de 17 ans, bien dans sa tête et dans son corps, plutôt petite, elle ne dépasse pas 158 cm avec un poids plume qu'elle fait très attention à maintenir, les cheveux longs bouclés châtain clair qu'elle n'attache jamais et une jolie petite frimousse avec un regard bleu très expressif. Elle est au lycée et espère devenir médecin.

Maureen est partie depuis trois semaines sans donner de nouvelles à son père, ce qui ne manque pas de l'inquiéter, car elle ne reste jamais si longtemps silencieuse. Maureen n'est pas une adepte acharnée des réseaux sociaux où beaucoup de jeunes postent tout ce qu'ils font en vacances, y compris ce qu'ils mangent ; elle préfère la discrétion, surtout depuis qu'une de ses copines a été harcelée sur ces réseaux et qu'elle a tenté de se suicider à 14 ans. Maureen, comme toutes ses copines, en a été bouleversée. C'est ce qui l'a convaincue de ne plus y intervenir. Elle a un portable qui ne lui sert que peu, plutôt pour téléphoner. Jacques se demande d'ailleurs pourquoi il lui paye un abonnement alors qu'elle ne répond jamais quand il l'appelle. Cette observation fort commune chez les parents d'adolescents est d'autant plus étonnante que leurs rejetons ont les yeux rivés sur ce téléphone à longueur de journée. Ils doivent être atteints d'une cécité sélective puisque la réponse est systématiquement la même : « J'ai pas vu. »

Maureen a téléphoné quelques jours après son départ et était alors du côté de Lyon ; elle ne savait pas encore quand elle reviendrait et elle avait rencontré quelques jeunes avec lesquels elle allait passer les jours suivants.

Jacques est très inquiet, d'une inquiétude qui croît de jour en jour. Il a bien essayé de l'appeler, mais le téléphone ne sonne même plus et il tombe tout de suite sur la messagerie qu'il inonde de messages, à plusieurs reprises chaque jour. Jacques va donc à la police signaler la disparition. Il y est reçu par le planton de garde ce jour-là.

« C'est pour une fugue, Monsieur ?

— Une fugue ? Non, non, c'est qu'elle est partie en voyage en France, mais je n'ai plus de nouvelle depuis plus de deux semaines.

— Oh, avec les jeunes aujourd'hui... Tenez, moi, mon fils... »

Et voilà le policier lancé dans une histoire sans fin qui n'a rien pour apaiser Jacques qui veut juste que l'on retrouve sa fille. « Voilà, une alerte va être lancée, je l'ai mise au BCS, on vous prévient dès qu'on a des nouvelles. Bonne journée, Monsieur. » C'est sur ces mots que Jacques est congédié. Il ne sait pas qui est ce BCS, mais il espère qu'il va agir vite, même si, vu la dégaine et l'attitude du policier, Jacques penche plutôt pour un coup dans l'eau. Le BCS est le « Bulletin central de signalement », une application informatique de la police qui permet de diffuser un message à travers le pays. Le message de la disparition de Maureen est parti et il ne va pas tarder à donner des résultats.

Ce matin-là, Jacques est chez lui, il se prépare à aller faire les courses. Mehdi, lui, vient d'arriver au poste pour prendre son service. Il est très attendu par ses collègues pour une mission qu'ils détestent tous : c'est toujours lui que l'on choisit pour annoncer les mauvaises nouvelles. Ses collègues trouvent qu'« il fait ça bien ». Mehdi n'a pas la même vision qu'eux, mais il est le dernier arrivé, le benjamin de l'équipe, le bleu et, à ce titre, c'est lui qui se tape les corvées. Aujourd'hui, la corvée est d'annoncer à un père qui vient de perdre sa femme que sa fille est décédée. Mehdi se réjouit d'avoir passé un excellent week-end, car il va pouvoir puiser dans cette ressource pour entamer cette journée difficile.

On sonne à la porte, Jacques est vêtu pour sortir, sa liste de courses à la main. C'est Mehdi, en uniforme, accompagné d'un jeune stagiaire de police.

« Bonjour, Monsieur, vous êtes bien Monsieur Jacques...?

— C'est bien moi. »

Étrangement, Jacques ne pense pas tout de suite que ces policiers viennent pour sa fille et il se demande ce qu'il a pu faire de mal pour que la police se présente à son domicile. Un PV non payé, un stationnement illicite, ses pensées vont plutôt vers une infraction de roulage, car, avec tous ces règlements routiers, on commet parfois des infractions sans même s'en rendre compte.

« Pouvons-nous entrer ?

— J'allais sortir, mais je vous en prie, vous prendrez bien une tasse de café.

— Non, Monsieur, c'est bien gentil. Nous avons une mauvaise nouvelle à vous annoncer. Vous ne voulez pas vous asseoir ? »

Jacques s'assied. Il est à mille lieues de se douter que ces policiers sont venus lui annoncer le décès de sa fille, elle qui est en France. L'annonce est brutale, mais il n'existe pas de bonne manière d'annoncer pareille nouvelle, certaines sont juste moins mauvaises que d'autres et ces policiers remplissent cette mission avec toute la délicatesse dont ils sont capables. Cependant, Jacques n'est pas au bout de ses peines.

Il est incrédule, comme dans un mauvais rêve. Tout d'un coup, en quelques secondes, sa vie s'écroule. Plus jamais sa vie ne sera la même, il s'en rend compte, lui qui a déjà été si rudement éprouvé, rien ne lui est épargné. Ce n'est pas juste, lui qui n'a jamais rien fait de mal. Mais la vie n'est pas juste, elle ne l'a jamais été, alors que nous aimerions qu'elle le soit, que nous soyons récompensés pour nos bonnes actions et punis pour nos mauvaises, mais cela n'a pas de sens pour la nature. Complètement abasourdi, ne se rendant pas encore bien compte de ce qui lui arrive, Jacques demande comment c'est arrivé. Mehdi lui répond qu'elle a été assassinée. « Assassinée, Maureen ? C'est impossible, elle qui était si gentille. Mais pourquoi et par qui ? » Mehdi ne sait pas pourquoi, car on n'a pas encore pu trouver l'auteur. « Comment ? » demande Jacques qui n'a même pas peur de la réponse tant ce qu'il vit lui semble irréel. « Elle a été étranglée », répond Mehdi. Une pensée traverse l'esprit de Jacques : « A-t-elle été violée ? », mais Mehdi ne connaît pas la réponse à cette question.

« Où est-elle ? » Jacques voudrait voir le corps de sa fille. Mehdi lui annonce que le corps va lui être remis, mais qu'il ne pourra pas le voir, car il est déjà en état de putréfaction. Ça en fait beaucoup pour Jacques qui apprend en même temps que sa fille est morte, qu'elle a été assassinée et que les faits datent d'il y a un moment déjà. Jacques apprend qu'elle est morte dix jours auparavant, il pense qu'il aurait dû téléphoner, qu'il aurait dû insister, être plus persévérant à tenter de la joindre. Mais qu'est-ce que cela aurait changé ? Elle serait vraisemblablement morte de toute façon.

« Quand pourrai-je la voir ?

— Le cercueil, vous voulez dire ? » demande Mehdi qui veut être certain que l'information est bien passée.

« Cet après-midi, le temps qu'il revienne de Tournai.

— De Tournai ? Mais elle était en France, pas en Belgique.

— C'est tout ce que je peux vous dire, je n'en sais pas plus, ce n'est pas moi qui ai découvert le corps », répond Mehdi.

Aux pompes funèbres, Jacques choisit un cercueil, le même que pour Françoise, son épouse. Maureen sera enterrée à côté de sa mère. Il y a encore une place, elle était prévue pour lui, mais il la donne à Maureen. Il y a beaucoup de monde lors des visites au funérarium. Maureen était une jeune fille très appréciée pour sa gaieté et sa joie de vivre. Les discours, lors de la messe dans cette église pleine à craquer, en font l'éloge avec beaucoup d'émotion.

Après le cimetière, l'assistance se réunit autour d'un buffet dans la salle communale. À la fin de l'après-midi, Jacques est de retour chez lui, dans une maison désormais bien vide. Il s'assied devant la télévision machinalement et met les infos pour avoir des nouvelles du monde des vivants. Il n'a pas encore eu le courage de se changer, de quitter ce costume qu'il a déjà porté pour l'enterrement de sa femme. Le téléphone sonne. Il faut préciser que Jacques a encore une ligne fixe, ce téléphone qui paraît surgi tout droit de l'Antiquité pour les plus jeunes. Jacques hésite à se lever et décide qu'il ne décrochera pas, il a déjà tellement donné ces derniers jours qu'il a envie d'avoir la paix. Et ça marche, le téléphone se tait.

Quelques instants plus tard, le téléphone sonne à nouveau et Jacques doit se résoudre à répondre, ce téléphone ne le laissera pas en paix. Jacques se lève, décroche un peu énervé :

« Allô !

— Allô, Papa ? Je suis rentrée, tu peux venir me chercher ? Je suis à la gare. »

C'est Maureen. Maureen est vivante. Imaginez la surprise de Jacques qui, heureusement, ne souffre pas du cœur. Il tombe assis, pleure tant que sa fille ne comprend pas ce qui lui arrive. Lui qui n'a pas encore pleuré le décès de sa fille, il pleure parce qu'elle est vivante. Jacques part pour la gare, ramène Maureen à la maison et lui raconte toute l'aventure. Maureen a cassé son portable au bout de quelques jours, ce qui expliquait l'impossibilité de la joindre. Dans la soirée, Jacques prévient Mehdi qui lui a laissé son numéro de portable en cas de problème. Ce n'est pas un problème, mais cela vaut la peine de l'avertir. Et Mehdi de répondre : « Mais qui a-t-on enterré ? »

C'est effectivement la bonne question à se poser. Cette histoire fait un scandale et s'affiche dans tous les journaux de la région. Même la télévision vient interviewer Maureen et Jacques, tout heureux que l'on se soit trompé. Dans sa gentillesse, Jacques n'en veut à personne, il préfère voir le bien qui lui est fait et son bonheur retrouvé, qui efface même quelque peu la souffrance de la mort pourtant récente de sa femme.

« Allô, Docteur ? Nous avons un problème. » C'est par ces mots que le juge d'instruction me contacte et demande mon intervention. Mon prédécesseur s'est planté sur le plan de l'identification, tout est à refaire. Le corps est exhumé et je refais l'autopsie. C'est bien un corps de femme, pas d'erreur dans la taille ni le poids, pas d'erreur descriptive, pas d'erreur d'évaluation de l'âge, pas d'erreur nulle part. C'est ailleurs que cela a foiré, la reconnaissance a été un peu hâtive. C'est vrai que la putréfaction a rendu le corps inidentifiable visuellement, car le visage est bien trop décomposé. De toute façon, je me méfie de l'identification visuelle, car j'ai déjà eu quelques blagues.

Une dame était venue pour identifier son fils, je lui avais présenté le corps présumé et elle ne l'avait pas reconnu. J'étais un peu étonné, car il avait sa carte d'identité sur lui et le visage me semblait bien correspondre. Comme il avait un tatouage, j'ai demandé à cette dame si son fils avait un tatouage, et elle m'a répondu par l'affirmative. C'était un tatouage de dauphin sur le bras droit, ce qui correspondait parfaitement. Je le lui ai montré et elle m'a répondu que ce n'était pas un dauphin, mais un poisson et elle a refusé de reconnaître le corps. J'ai dû recourir à une identification ADN pour confirmer que c'était bien lui, contrairement à l'affirmation de sa mère qui continuait, en fait, à nier la mort de son fils, car cela lui occasionnait trop de souffrance.

A contrario, j'ai reçu une autre dame pour identifier le corps de sa fille, mais, malheureusement, les tiroirs étaient mal étiquetés et j'ai sorti un autre corps, celui d'un jeune homme que cette dame a aussitôt reconnu comme étant celui de sa fille.

Sur le corps de la jeune fille que j'exhume, il n'est plus possible de relever les empreintes digitales à cause de la putréfaction. Les seules choses que l'on peut encore faire et qui ont un maximum d'efficacité sont un appel dentaire et de l'ADN, ce qui est fait. Le dentiste vient le jour même et relève l'état de la dentition tandis que je réalise les prélèvements pour les analyses ADN.

Quelques jours plus tard, elle est identifiée formellement grâce à sa fiche dentaire. Sans surprise, l'analyse et les comparaisons ADN correspondent à l'analyse dentaire.

C'est le genre d'événement qui ne devrait plus arriver aujourd'hui en raison de l'existence d'une structure particulière de la police fédérale, le DVI (« *Disaster Victim Identification* »), créée en 1987 par Joan De Winne, qui permet l'identification de cas complexes. Cette unité est composée de policiers fédéraux permanents, basés dans la capitale, et de policiers locaux qui sont activés par le DVI sitôt qu'un cas apparaît sur leur territoire.

Le système d'identification, très au point, fonctionne de la manière suivante. Lorsqu'une personne disparaît, la police établit une fiche *ante-mortem* qui consiste en un relevé de toutes les caractéristiques physiques de la personne disparue, telles que la taille, le poids, la couleur des cheveux, leur longueur, si elle porte des lunettes, si elle porte des cicatrices ou des tatouages, des boucles d'oreille ou des piercings, le tout accompagné de photos et, surtout, d'éléments médicaux et dentaires.

Sur le plan dentaire, le dentiste traitant est contacté pour qu'il fournisse la fiche dentaire de son patient disparu ainsi que les radiographies dentaires qu'il aurait éventuellement prises. Sur le plan médical, le médecin est contacté, parfois le dossier médical est saisi et tous les éléments médicaux sont rassemblés, tels que les maladies dont il souffre ou dont il a souffert dans sa vie, s'il a été opéré, si des prothèses ont été mises en place. En cas de prothèse, on interroge l'hôpital où il a été opéré pour tenter d'obtenir le numéro de la prothèse qui lui a été implantée. En clair, c'est un travail très lourd, mais bien utile.

Lorsqu'un corps non identifié est découvert, nous réalisons, avec le DVI, une fiche *post-mortem* qui comprend les données anthropométriques telles que la taille, le poids, la corpulence, la longueur des cheveux et leur couleur, la présence d'une barbe quand il s'agit d'un corps masculin, de tatouages ou de cicatrices, d'amputations, etc. Le corps est ensuite radiographié pour identifier d'éventuelles fractures récentes qui pourraient être en relation avec la cause du décès ou avec une agression qui y aurait conduit, mais également les fractures anciennes, car les cals (cicatrices osseuses) qu'elles présentent sont typiques de chaque fracture par leur forme générale. Si nous avons des radiographies de la fracture à l'époque où elle est survenue, nous aurons toutes les chances de pouvoir les comparer avec celles prises sur le corps. Bien sûr, cela ne permet pas de donner une identification formelle et certaine, mais c'est un élément contributif et, dans les dossiers d'identification, tout est bon à prendre en considération pour pouvoir identifier un défunt avec certitude.

L'identification des individus a toujours été un problème jusqu'à l'avènement de la photographie judiciaire, en 1870, la première, en ordre chronologique, des trois grandes innovations techniques qui servent la criminalistique moderne.

Dans les siècles précédents, pour identifier les gens, vivants ou morts, diverses techniques avaient été mises au point avec des succès fort mitigés jusqu'à ce qu'un commis aux écritures de la préfecture de police de Paris, Alphonse Bertillon (1853-1914), invente la technique anthropométrique consistant à relever de nombreuses mesures sur un individu comme la taille, le poids, la distance entre les centres des deux yeux, la distance entre les extrémités des membres supérieurs bras tendus, la longueur du pied, etc. L'idée de Bertillon était que si certaines mesures étaient identiques chez deux ou plusieurs individus, toutes ne le seraient pas, ce qui permettait d'identifier la personne avec certitude. Fini de s'appeler Dupont à Paris et Durand à Marseille et d'y commettre des méfaits sous des noms différents, cette technique a permis de débusquer de nombreux récidivistes alors que la flétrissure (application d'un fer chaud sur une partie du corps en cas de condamnation) avait été interdite depuis 1832. Tout a très bien fonctionné puisque Bertillon est parvenu à identifier 5000 récidivistes, grâce à sa technique, entre 1882 et 1893. Cette technique s'est fort bien adaptée à la photographie judiciaire apparue en 1870, en l'additionnant à la fiche de chaque condamné. Mais la méthode de Bertillon souffrait de quelques défauts dont le plus important était de ne pouvoir identifier l'auteur d'un crime dans la mesure où le criminel ne laissait pas ses données anthropométriques sur place.

C'est dans ce contexte que les empreintes digitales, deuxième grande technique de la criminalistique moderne, ont connu un vrai succès, car elles témoignaient de la présence de l'auteur sur les lieux du crime. Elles étaient connues depuis 1826 ; sous l'impulsion d'un de ses inspecteurs, Edward Henry, Scotland Yard a décidé de les utiliser à partir de 1897 et de constituer le premier fichier d'empreintes digitales en 1901.

La première identification, en France, date de 1902. Un dénommé Scheffer avait commis un cambriolage chez un dentiste du faubourg Saint-Honoré. Au cours de ce vol, il avait été surpris par le domestique du dentiste qu'il avait tué avant de prendre la fuite. Cependant, Scheffer avait laissé ses empreintes sur la vitrine d'un meuble du cabinet dentaire qui avaient été relevées par la police judiciaire. Les empreintes de Scheffer, qui était suspecté dans cette affaire et niait les faits, avaient été comparées à celles retrouvées sur la scène de crime, ce qui avait permis de le confondre. Il fut le premier condamné en France identifié par ses empreintes digitales.

Par la suite, les empreintes digitales ont encore eu les honneurs de la presse lorsque, le 22 août 1911, *La Joconde* a été volé au Musée du Louvre. C'était un vol audacieux en pleine journée commis par un ouvrier, Vincenzo Peruggia, qui avait travaillé, avec d'autres, à la réfection et à l'amélioration de certaines salles du Louvre. Profitant de la fermeture du musée le 21 août, cet homme s'était emparé du tableau, l'avait sorti de son cadre et emporté. Alphonse Bertillon avait réalisé le prélèvement d'une empreinte digitale sur la vitre du cadre qui avait contenu *La Joconde* et qui avait été comparée sans succès aux empreintes digitales des 257 employés du Louvre. Une certaine frénésie avait rapidement agité toute la France. Un juge d'instruction avait été désigné, ce qui était plutôt rare, voire exceptionnel pour un vol simple. Des gens comme Pablo Picasso furent inquiétés,

Guillaume Apollinaire fit même sept jours de prison, des récompenses furent promises, en vain. Le mystère était entier et le resterait durant encore deux longues années pendant lesquelles *La Joconde* resta caché chez son voleur, rue de l'Hôpital-Saint-Louis, dans le Xe arrondissement de Paris. Peruggia fut même interrogé par la police, mais l'état de sa chambre très miteuse fit penser aux policiers que ce ne pouvait être le voleur. Ils ne perquisitionnèrent même pas son logement qui, pourtant, dissimulait la toile. En 1913, il s'était rendu à Florence, muni du tableau, pour tenter de le revendre. Et c'est parce qu'il voulut le revendre, comme copie de grande qualité, à un antiquaire florentin qu'il fut coincé par la police, prévenue par l'antiquaire qui trouvait que ce faux pouvait bien être vrai. Peruggia fut arrêté. Ses empreintes digitales le confondirent alors qu'il prétendait ne rien connaître du vol et penser qu'il s'agissait vraiment d'une copie puis, se ravisant, il se défendit vainement en prétendant avoir agi par pur patriotisme, pour ramener au pays une toile qui lui appartenait, ignorant sans doute que François Ier l'avait achetée à Léonard de Vinci en 1518, un an avant la mort du peintre, pour le prix que certains historiens estiment à 4000 écus d'or (plus de 1,6 million d'euros). Peruggia fut condamné à un an et quinze jours de prison, peine vraisemblablement adoucie en raison de son patriotisme et qu'il ne purgea même pas complètement. *La Joconde* rejoignit le Louvre le 4 janvier 1914, après une tournée triomphale en Italie.

Revenons à notre cadavre. Nous réalisons ensuite une autopsie afin de rechercher la cause du décès, mais également afin de relever tout élément utile à l'identification comme toute trace d'opération : la vésicule biliaire est-elle en place ? Le cœur a-t-il été ponté ? La thyroïde est-elle toujours là, en tout ou en partie ? Nous recherchons aussi toutes les traces de réparation de fracture et de leur matériel d'ostéosynthèse qui, dans certains cas, porte un numéro qui nous permettra d'identifier la personne. En contactant la firme qui a fabriqué la prothèse et en lui donnant le numéro relevé sur cette prothèse, la firme peut nous dire à quel hôpital elle l'a vendue, puis cet hôpital nous dira à qui elle a été posée.

Le dentiste intervient au cours de l'autopsie pour réaliser un orthopantomogramme, c'est-à-dire une radiographie générale de toute la bouche, puis pour faire le relevé dentaire et vérifier s'il y a des absences dentaires, des prothèses, etc. Il établit une fiche qu'il pourra comparer avec celles des personnes réputées disparues.

Au cours de l'autopsie, nous prélevons du sang ou du muscle pour réaliser une analyse ADN. L'ADN, troisième grande technique de la criminalistique moderne, est devenu la « reine des preuves en matière de criminalistique ». Cette technique a valu à son inventeur, Alec Jeffreys, d'être reconnu mondialement. Tout a commencé par l'assassinat et le viol de deux jeunes filles de 15 ans, Lynda Mann et Dawn Ashworth, dans le Leicestershire en Angleterre, en 1983 et en 1986. L'enquête piétinait lorsque, en 1987, Alec Jeffreys fut requis pour intervenir dans ce dossier avec sa toute nouvelle technique présentée deux ans plus tôt. Un homme simple d'esprit avait été accusé d'avoir commis les meurtres, mais n'avait reconnu être l'auteur que d'un seul des deux, puis il fut complètement innocenté grâce à cette technique. Ce furent ensuite 5000 hommes de la région qui passèrent le test des « empreintes génétiques » sans qu'on puisse trouver de profil concordant avec celui du sperme laissé par l'auteur des viols. L'enquête était de nouveau au point mort lorsqu'une femme se présenta à la police, le 1er août 1987, pour rapporter ce qu'elle venait d'entendre dans un pub. Un homme s'y était vanté d'avoir reçu 200 livres sterling de la part de son ami, Colin Pitchfork, pour donner son sang à sa place dans le cadre de l'enquête sur ces viols. C'est ainsi que Colin Pitchfork fut arrêté. Il est le premier homme à avoir été condamné sur la base des « empreintes génétiques », comme on les appelait alors. Depuis cette époque, la technique a très considérablement évolué, elle s'est affinée, a acquis beaucoup de précision et une très grande sensibilité. À sa découverte, il fallait plusieurs centimètres cubes de sang pour réaliser une empreinte génétique alors qu'aujourd'hui, quelques cellules suffisent.

D'autres techniques peuvent encore servir pour identifier un être humain, mais j'ai préféré ne citer que les plus importantes. L'évolution de la criminalistique est en marche et je ne doute pas qu'elle nous réserve encore des surprises dans les années à venir.

La combustion spontanée et autres putréfactions

En *post-mortem*, l'évolution du corps peut suivre trois voies, dont la principale est la putréfaction et les deux autres, plus rares, la momification et la saponification (une réaction qui permet d'hydrolyser les esters et de créer du savon).

Lorsque nous mourrons, notre corps ne produit plus d'énergie et nos cellules meurent, provoquant ce que nous appelons une autolyse, c'est-à-dire une mort des cellules par elles-mêmes, par carence en énergie nécessaire pour assurer leur maintien. Toutes les cellules de l'organisme ne meurent pas en même temps, car certaines ont une meilleure résistance à la privation d'oxygène. Les premières à mourir sont les cellules du système nerveux, de notre cerveau notamment, ainsi que les cellules cardiaques.

Se produit alors un deuxième phénomène, la putréfaction. Elle est due, en premier chef, aux bactéries de putréfaction qui peuplent nos intestins. Après le décès, ces bactéries ne sont plus confinées à l'intérieur des intestins et peuvent en traverser la paroi puis, au-delà, elles atteignent le revêtement cutané par l'intérieur, d'abord à hauteur du bas de l'abdomen à droite, là où le colon (le gros intestin) est au contact de la paroi abdominale. À cet endroit, on voit se développer une tache verte, entre 24 et 48 heures après la mort, qui s'étend progressivement pour rendre finalement tout le revêtement cutané d'une couleur vert-noir.

Dans le même temps, ces bactéries produisent du gaz de putréfaction qui fait gonfler les tissus de l'organisme qui apparaissent alors très tendus, comme prêts à éclater. Rassurez-vous, ils n'éclatent jamais. Ces gaz sont constitués notamment de méthane, de sulfure d'hydrogène, d'ammoniac, de thiols, de dioxyde de soufre et dégagent une odeur reconnaissable entre mille par sa pestilence.

L'épiderme se décolle du derme sous l'action conjuguée des gaz de putréfaction, mais aussi des liquides de putréfaction, formant des espèces de cloches que nous appelons des phlyctènes. N'étant séparées de l'extérieur que par un simple feuillet épidermique, ces phlyctènes sont hyper fragiles, prêtes à se rompre au moindre contact en répandant les liquides qu'elles contiennent. Ces liquides de putréfaction sont très odorants, d'une odeur qui tient bien et fort longtemps sur tous les types de tissus.

On n'oublie jamais ces odeurs quand on y a été exposé. Mais le pire, c'est que, une fois cette odeur associée à un cadavre, on ne peut plus rien manger qui soit un tant soit peu faisandé. J'étais au restaurant à la fin de la saison de la chasse, avec des amis chasseurs, pour y manger du marcassin et de la biche. Je ne suis pas chasseur et je n'avais que très rarement mangé du gibier. Le morceau de marcassin qui m'a été servi était faisandé, c'est-à-dire qu'on l'avait laissé pourrir quelque peu, ce qui est une façon de le préparer. À la première bouchée, j'ai su que je n'irais pas plus loin. Il goûtait le cadavre en putréfaction. Pas d'inquiétude, je n'ai jamais mangé de cadavre humain putréfié et pourtant, j'en connais le goût. Tout s'explique, en matière de physiologie humaine. D'une part, les odeurs de putréfaction se mélangent à la salive et permettent une certaine gustation tandis que les centres de l'odorat et du goût possèdent des interconnexions qui font que ce que l'on sent, on peut aussi le goûter. Et c'est le cas des odeurs de putréfaction. Sauvés, les marcassins, biches et autres gibiers, je n'y ai plus jamais touché !

Une fois les tissus gonflés, les phlyctènes apparues et l'épiderme décollé, on note une protrusion de la langue et des yeux. Les gaz de putréfaction s'accumulent également dans toutes les cavités et principalement dans la cavité abdominale qu'ils distendent, engendrant une pression telle qu'il n'est pas rare que soient observées des pertes d'urine, de matières fécales, voire une protrusion intestinale par l'anus ou de l'utérus par le vagin. À ce stade, deux à trois semaines se sont écoulées depuis le décès à une température voisine de 18 °C. Après plusieurs semaines, la coloration du cadavre vire au vert foncé, voire au noir.

Au bout de quelques mois persistent quelques organes plus solides comme l'utérus, la prostate, le cœur, de même que le système ligamentaire attaché au squelette. Sous nos latitudes, un tel état peut être atteint en plein air en 12 à 18 mois. Il est possible que le corps évolue ensuite vers la squelettisation. Sous nos latitudes, cet état est atteint en plein air en trois ans.

Voilà pour l'évolution des corps, en version très raccourcie. Je pense qu'il n'en faut pas plus. Mais le corps peut également échapper, au moins partiellement, à la putréfaction et momifier ou saponifier.

La momification survient quand l'ambiance est très sèche, par déshydratation du corps. Il n'est pas nécessaire qu'il fasse très chaud. L'idée est largement répandue que la chaleur est un excellent moyen de momifier un corps parce que l'on pense tout naturellement aux momies égyptiennes. C'est vrai qu'il fait très chaud en Égypte, dans ce pays concentré le long d'un fleuve qui traverse tout le désert. Sans le Nil, l'Égypte ne serait qu'un désert aride et très chaud. Si c'était la chaleur qui permettait aux momies de se constituer, on en trouverait sous les tropiques, dans la jungle équatoriale. Et pourtant, c'est impossible, car il y fait beaucoup trop humide. C'est la sécheresse qui permet la momification, pas la chaleur.

À l'opposé, la saponification ou adipocire est l'état dans lequel se transforment les corps dans les milieux humides, voire liquides.

Il y a deux situations en rapport avec la putréfaction que je voudrais aborder : la combustion spontanée et l'exhumation. Nous verrons dans d'autres chapitres des momies (« Une superbe momie ») et des corps saponifiés (« Une morte qui transpire et autres noyés »).

« Allô, Docteur ? Pourriez-vous aller voir le corps de M. X ? Les policiers me parlent d'une combustion spontanée. » La veille au soir, j'ai regardé, à la télévision française, un reportage sur des cas prétendus de « combustion spontanée ». L'émission était fort bien faite, à tel point que je me suis dit que cela allait donner des idées à certains, et je ne me trompais pas. Dès le lendemain, on m'en signale un cas.

La combustion spontanée est une situation où le corps humain se mettrait spontanément à brûler, le plus souvent partiellement, sans raison explicable. Plusieurs cas ont été rapportés de par le monde, comme celui d'une jeune fille qui aurait pris feu à un bal, ou une autre dans une discothèque. Mais la plupart des cas rapportés étaient franchement alcoolisés, voire carrément alcooliques profonds. Actuellement, l'hypothèse la plus vraisemblable serait qu'une petite quantité d'accélérant soit utilisée, telle que de l'alcool sur un corps suffisamment gras, et qu'une chaleur suffisante pour initier la combustion soit produite qui mettrait le feu à l'accélérant tandis que la graisse corporelle prendrait le relais du produit inflammable initial. C'est ce que l'on appelle « l'effet de mèche », mais c'est juste une hypothèse. Bref, c'est de la théorie plus que de la réalité vérifiée.

La presse est là, télévisée et écrite, le cas que je vais examiner a déjà fait grand bruit, comme un écho à l'émission de la veille. Le corps est dans la cuisine de son appartement du premier étage, couché sur le dos, entièrement nu, et entièrement noir. C'est sans doute cette couleur noire qui a donné l'idée d'une mort par combustion spontanée, mais il ne présente aucune trace de brûlure et le sol, sur lequel il repose, non plus. Par contre, le sol est constitué d'un balatum blanc qui a noirci sous l'effet des liquides de putréfaction ; le noircissement s'est limité à l'emplacement du corps sans s'être étendu sinon par un écoulement qui s'est produit vers la cuisinière, renforçant encore l'idée d'une combustion.

J'ai l'habitude de voir des corps calcinés par immolation. C'est une modalité de décès exceptionnelle, mais j'ai déjà eu l'occasion d'en examiner plusieurs. Un accélérant, comme de l'essence, est répandu sur le corps puis le feu est bouté avec un simple briquet; l'accélérant prend feu, consumant les vêtements et s'attaquant au revêtement cutané, mais ne le dépassant jamais. Il en résulte de vastes lésions cutanées de brûlures qu'il n'est pas possible de confondre avec la putréfaction.

En fait, je me trouve juste devant un cadavre en voie de putréfaction qui évolue ainsi depuis quelques semaines. Le courrier n'a plus été relevé depuis trois semaines et ce monsieur n'avait plus été vu en vie depuis cette même époque. Point de combustion spontanée, c'est juste une putréfaction, somme toute banale.

Une exhumation, c'est souvent le résultat d'un échec, d'un doute qui n'a pas été levé avant l'enterrement de la personne, ou d'un meurtre qui a été négligé, comme nous le verrons au chapitre « À trop parler ». Une exhumation, c'est comme une boîte de chocolats, on ne sait jamais sur quoi on va tomber. La seule chose qui soit certaine, c'est que ça ne va pas être beau et qu'autopsier un exhumé n'est jamais le meilleur moment dans une journée.

À la question bien légitime du magistrat qui demande « si on va encore trouver quelque chose », ma réponse est toujours la même : « Il faut ouvrir le cercueil pour le savoir », car, selon la nature de la terre dans laquelle le corps est inhumé, le niveau de putréfaction varie.

La plupart des exhumations sont réalisées pour contrôler la cause du décès, le plus souvent parce que l'on a voulu faire l'économie de l'examen par le médecin légiste lorsque le corps a été découvert ou lorsque la mort a été rapportée, comme dans le cas décrit au chapitre « À trop parler ». Il existe cependant d'autres causes d'exhumations que je vais exposer en quelques mots. Lors de la catastrophe de la rue Léopold à Liège (27 janvier 2010), au cours de laquelle deux immeubles se sont effondrés sur leurs habitants après que soit survenue une explosion suivie d'un incendie, je dois identifier une dame, Paulette, qui vivait seule en appartement. Dans son cas, seule la technique de l'ADN est encore utilisable vu que le feu l'a presque entièrement consumée. Mais pour identifier quelqu'un via son ADN, il faut des éléments de comparaison, il faut son ADN prélevé sur sa brosse à dents, ou sur son oreiller ou sur d'autres objets de contact, mais, après l'explosion, l'incendie et l'effondrement de la maison, tous ces objets ont disparu.

Dans de tels cas, il faut retrouver des membres de la famille et prélever leur ADN pour faire des comparaisons avec celui relevé sur le corps à identifier. Problème, cette dame était seule, vivait seule et n'avait plus de famille ; son enfant unique, Édouard, toxicomane, était mort d'une overdose deux ans plus tôt. Paulette n'avait pas beaucoup d'argent, tout ce qu'elle avait, elle le donnait à son fils qui était un vrai puits sans fond. Dépourvue de moyens, Paulette n'avait pas pu payer l'enterrement de son fils. C'était la ville qui s'était chargée des funérailles et son fils avait été enterré comme « indigent », c'est-à-dire dans un cercueil tout simple offert par la ville dans ce que l'on appelait, par le passé, « la fosse commune » et qui ne l'est plus depuis fort longtemps. Chacun a désormais sa place identifiable et c'est heureux, car je vais devoir le déterrer.

Le jour venu, je me rends au cimetière pour l'exhumation, accompagné par le DVI, le service de la police fédérale chargé de l'identification des victimes de catastrophes, et le moins que l'on puisse dire, c'est que l'incendie de la rue Léopold, avec ses 14 morts, est une vraie catastrophe. Les ouvriers du cimetière, qui nous attendaient pour lancer les opérations, mettent leur pelleteuse en action et creusent à l'endroit de la tombe.

Le trou est de plus en plus profond, 1 mètre, puis 1,5 mètre, puis 2 mètres et toujours pas de cercueil. À 2 mètres, c'est certain, on a dépassé la profondeur d'enfouissement : il faut se rendre à l'évidence, le cercueil a été complètement détruit, de même que le corps à une vitesse que l'on n'imaginait pas et qui est liée à la nature de la terre dont la densité, plutôt faible, permet le passage de l'eau et de l'air, assurant un drainage qui a été particulièrement efficace. En fouillant la terre, nous relevons quelques rares fragments d'os d'Édouard qui, soumis à l'analyse ADN, nous donnent son code génétique. Comparé à celui du corps présumé de Paulette, nous pouvons l'identifier.

Exhumé après deux ans, je n'aurais jamais pensé retrouver le corps d'Édouard dans un tel état de décomposition. Par contre, j'ai déjà exhumé des défunts après vingt ans qui étaient restés pratiquement intacts et même reconnaissables. Tout dépend de la terre dans laquelle ils sont enterrés et rien ne permet de prévoir leur état.

Des mouches et un squelette

Dès l'entrée de ce building de six étages sans ascenseur, je comprends pourquoi je suis là. Les voisins ont alerté la police à cause de cette odeur qui s'amplifiait depuis plusieurs jours et qu'ils attribuaient aux occupants du dernier étage. La police est intervenue et a rapidement compris qu'il devait y avoir un cadavre au sixième étage. La police a prévenu le substitut du procureur de garde qui a saisi le juge d'instruction qui m'a requis, selon la cascade habituelle.

À mon arrivée, tout le monde est déjà là. Tous sont là, dans l'escalier du sixième étage, à m'attendre, personne n'est entré dans l'appartement et pour cause, l'odeur y est insupportable.

Je pénètre donc dans l'appartement, suivi du labo. C'est un appartement de façade composé de plusieurs pièces en enfilade, sans couloir. Ainsi, il faut passer d'une pièce à la suivante pour parcourir l'appartement. Guidé par l'odeur, nul doute que je dois aller à droite.

C'est une odeur à laquelle on ne se fait jamais, elle est insupportable et le reste tout au long d'une carrière. Toutefois, si on ne s'y habitue pas, on trouve le moyen de s'y adapter. Le mien, c'est d'entrer le plus vite possible, mais sans précipitation, dans les lieux où se trouve le cadavre, d'y rester et d'attendre que mon nez soit saturé de cette odeur de manière à moins la sentir, et ça marche.

C'est de la physiologie appliquée. Et tout le monde le sait sans le savoir : lorsque l'on met un parfum ou de l'after-shave, au bout de quelques minutes, on ne le sent plus parce que les récepteurs olfactifs qui se trouvent dans le nez, juste derrière sa racine, sont saturés par cette odeur. Cela fonctionne de la même manière que pour l'odeur de putréfaction, même si, comme il s'agit d'une odeur forte, on la sent toujours, mais de façon moindre. Une chose à ne surtout jamais faire, ce sont des allers-retours entre l'extérieur et le lieu odorant, c'est un bon moyen pour être malade. Il ne faut jamais non plus porter de vêtements en laine qui retiennent très bien ce type d'odeur. Ainsi, un homme s'était suicidé dans sa voiture, une Porsche, après avoir pris des médicaments. Il n'avait été découvert que quelques jours plus tard. Malheureusement, nous étions en été et le soleil avait bien tapé sur le pare-brise de la voiture, accélérant le processus de putréfaction. Lors de sa découverte, le corps était en état de putréfaction avancée et des écoulements avaient eu lieu sur les sièges de la voiture. Les sièges étaient irrécupérables, ils ont été retirés pour être remplacés, mais comme l'odeur persistait, la voiture a été déshabillée de tout tissu qui en recouvrait l'intérieur. Malgré cela, l'odeur était toujours là, rendant la voiture irrécupérable. La belle Porsche est partie à la casse.

Les fenêtres sont à gauche par rapport à ma progression et l'appartement est dans un état de crasse et de désordre habituel pour nous. Plus nous avançons de pièce en pièce, plus l'odeur est prégnante.

Les locataires de l'appartement, des toxicomanes, ont été retrouvés assez facilement par la police. Interpellés, ils ont expliqué qu'en rentrant dans l'appartement, un jour qu'ils ne situent plus bien, ils ont trouvé le corps d'un de leurs amis pendu à une tringle de rideau. Comme ils ne voulaient pas de problème avec la police, ils ont décidé de le dépendre et de le déposer dans la pièce du fond, sous des couvertures. Au début, plus cela sentait, plus ils mettaient des couvertures, puis l'odeur est devenue insupportable et ils ont quitté l'appartement.

Plus nous avançons et non seulement plus l'odeur devient importante, mais plus le bruit s'intensifie. Un bruit semblable à celui que fait un essaim d'insectes. Je comprends tout de suite que les mouches sont au festin. Avant d'entrer, je dis à mon compagnon d'infortune, le membre du labo de la PJ : « Je vais ouvrir. Surtout, tu n'ouvres pas la bouche et tu te pinces le nez. Je vais entrer et ouvrir la fenêtre puis on verra.»

La pièce est noire, on n'y voit rien et l'ambiance est assourdissante du bruit du vol des mouches. Je marche sur un sol qui craque sous mes pas. En fait, j'écrase des cadavres de mouches et c'est leur squelette de chitine qui craque. Arrivé à la fenêtre, je pense qu'il y a un rideau puisque la lumière du jour ne filtre plus, mais, à tâtons, je ne le trouve pas. Par contre, je trouve la poignée de la fenêtre et, sans me retourner, je l'ouvre toute grande, laissant sortir des mouches par dizaines de milliers. Je les sens qui percutent l'arrière de ma tête.

Quand je peux me retourner, je vois une pièce jonchée de cadavres de mouches qui collent également à la vitre, ce qui l'a opacifiée, ainsi qu'un amas de couvertures au centre de la pièce.

Ensemble, nous retirons les couvertures une par une pour, au bout de la sixième, découvrir le corps. Il est quasiment «squelettonisé» (néologisme issu du mot anglais *skeletonised*), c'est-à-dire quasiment à l'état de squelette avec juste un peu de peau cartonnée de-ci de-là et des ligaments articulaires qui maintiennent les os ensemble.

Un tel état de décomposition suggère que la mort remonte à plusieurs semaines, ce qui constitue un souci, car la police est descendue en perquisition dix jours plus tôt et n'aurait pas pu rater le cadavre s'il avait été là.

Je fais transporter le corps dans mes locaux et, en salle d'autopsie, je fais ce que je peux pour tenter de trouver la cause du décès de cette personne et pour l'identifier. L'identification est réalisée rapidement grâce à sa fiche dentaire.

Quant à trouver une cause de décès lorsque le corps est dans un tel état, c'est très difficile. En effet, à moins qu'un os ait été touché par un projectile ou par une lame, on ne peut plus dire grand-chose. Dans ce cas-ci, grâce à une fracture de l'os hyoïde, un petit os de la base du cou, je peux confirmer qu'une strangulation a eu lieu, potentiellement due au lien, potentiellement une pendaison, potentiellement cause du décès. Ça fait beaucoup de « potentiellement », mais c'est déjà mieux que rien et cela peut confirmer la version donnée par les locataires.

Reste à évaluer le moment du décès. Pour cela, nous recourons aux services du docteur Marcel Leclercq (1924-2008), un médecin généraliste de Beyne-Heusay, un village en périphérie liégeoise. C'est un petit homme très jovial, toujours le sourire aux lèvres et une histoire de mouches à raconter.

Tous les lundis, Marcel assiste à notre colloque, soit la réunion des médecins du service où nous présentons tous les cas de la semaine. Depuis toujours, Marcel est intéressé par les mouches. Déjà en première candidature de médecine, il est arrivé à l'examen de biologie avec des mouches pour en parler au professeur. Au gré de ses déplacements en vacances ou en congrès, Marcel emporte un parapluie noir, un arrosoir et un fin filet de type moustiquaire. En plein soleil, il déploie le parapluie, l'arrose avec de l'eau, attend que les insectes arrivent pour s'abreuver puis jette le filet sur ceux-ci. Au cours du temps, il a ainsi établi une collection de plus de deux millions de mouches et d'insectes différents.

Marcel est reconnu mondialement pour sa compétence extraordinaire en matière d'entomologie médico-légale, lui qui a réussi, par ses connaissances, à donner des informations indispensables dans diverses enquêtes parfois très médiatisées. Nous l'appelons « Monsieur Mouche », sans aucune relation avec le souffre-douleur du Capitaine Crochet dans *Peter Pan*.

Marcel m'a raconté une histoire très particulière. Dans une affaire très délicate, des mouches avaient été trouvées sur des cadavres après leur exhumation. Les enquêteurs et les magistrats, très sensibles au fait qu'il fallait la meilleure expertise qui soit en la matière, s'étaient tournés vers les Américains, vers le FBI. Leur démarche était logique vu la technologie et les moyens de ceux-ci par rapport à notre anémie en la matière. Il faut dire que les Américains, eux, sont soutenus par leur gouvernement. Quoi qu'il en soit, la réponse des Américains a été surprenante et sans appel. « Nous ne pouvons pas vous aider. » Ils ont expliqué que les mouches américaines n'étaient pas les mêmes que les mouches belgo-européennes, ce qui est parfaitement vrai, qu'ils ne les connaissaient pas du tout et étaient sans aucun moyen de les connaître depuis les USA. De plus, ont-ils ajouté, celui qui est à la source de l'essor moderne et scientifique de cette discipline s'appelle Marcel Leclercq, il est médecin à Liège. J'aurais bien voulu voir la tête des enquêteurs et des magistrats lorsqu'ils ont appris cette nouvelle.

Dans le monde scientifique médico-légal, Marcel Leclercq est une référence incontournable, toujours cité aujourd'hui alors qu'il est décédé depuis 2008, auteur de 353 publications, de trois livres dont un publié en 1978, *Entomologie et médecine légale*, qui trône toujours dans ma bibliothèque, et de trois films de vulgarisation (dont un avec moi, *La guerre des mouches*, Mona Lisa production). Il a, en fait, exhumé du passé, remis au goût du jour et considérablement amélioré les travaux du docteur Jean-Pierre Mégnin (1828-1901), vétérinaire et entomologiste français, auteur d'un ouvrage fondateur de l'entomologie médico-légale publié en 1894, *La faune des cadavres*, encore édité aujourd'hui, qui avait été quelque peu oublié dans les affres de l'histoire de la médecine légale.

Revenons à notre cadavre. Marcel démontre que les très nombreuses mouches se sont développées en un temps record à cause des températures importantes qui règnent dans cette pièce, permettant de faire remonter le décès à huit jours, soit deux jours après le passage des policiers pour la perquisition, ce qui est un vrai soulagement pour tout le monde et une expérience inouïe pour nous, les légistes.

C'est la première et unique fois de ma carrière où j'ai vu un corps se faire nettoyer par des mouches à une telle vitesse, mais il est vrai que les conditions étaient exceptionnelles. Nous étions en plein été, un été chaud, dans une petite pièce orientée plein sud, sans rideaux, mais à double vitrage, un véritable incubateur à mouches.

Des squelettes en pagaille

Il n'est pas rare que nous soyons appelés pour réaliser l'examen d'un squelette, stade ultime de la putréfaction; pratiquer l'étude des os d'un squelette nécessite une formation particulière. Heureusement, nous avons d'excellents anthropologues médico-légaux, tant en France, avec le professeur Gérald Quatrehomme à Nice, le professeur Eric Baccino de Montpellier, qu'en Belgique, avec Philippe Lefebvre à Charleroi, auquel j'ai systématiquement recours en cas de découverte de squelette un tant soit peu suspect. J'ai reçu une formation spécifique, mais, ne la pratiquant pas assez, je préfère me couvrir par l'expérience d'un grand habitué de cette pratique, respectant en cela mon adage préféré : « On ne fait bien que ce que l'on fait d'habitude. »

Christian aime la spéléologie. Il la pratique toutes les semaines, puisqu'il a la chance d'avoir des grottes tout près de chez lui et qu'il adore s'y promener. Ce sont des grottes à multiples entrées qu'il connaît toutes, car, à force de les pratiquer, ces grottes n'ont plus de secrets pour lui. Il dit même : « Je m'y retrouverais les yeux fermés. » Vers midi, son ami Pierre, avec lequel il a l'habitude de fréquenter ses grottes, passe à la maison. Il cherche Christian, mais ce dernier n'est pas là. Son matériel de spéléo étant absent, il doit donc encore être dans « ses grottes », comme il les appelle, lui dit sa mère. Pierre rentre chez lui.

Le lendemain matin, Pierre est réveillé par la police. « Bonjour, Monsieur, c'est la police, nous cherchons Christian, n'est-il pas avec vous ? » Christian n'est pas rentré de la nuit et, au matin, sa maman a appelé la police pour une disparition inquiétante.

« Non, mais sa mère m'a dit qu'il était parti faire de la spéléologie.

— En effet, mais nous faisons d'abord un tour des proches avant de nous lancer dans les grottes.

— Je vais avec vous, je connais bien ces grottes, on va le retrouver. »

C'est sur ces mots que Pierre se sépare des policiers et rassemble son matériel, bien décidé à chercher Christian, et surtout à le retrouver. Il aura fait une mauvaise chute, pense-t-il, le temps presse, cela fera bientôt vingt-quatre heures qu'il est dans ces grottes. Un certain effroi s'empare de Pierre quand il réalise que Christian n'a plus de lumière. Celui-ci n'aime pas le noir et c'est sans doute aussi pour se mettre à l'épreuve qu'il fréquente des grottes, pour apprendre à vaincre cette peur qui le poursuit depuis l'enfance. Les policiers rassemblent un petit groupe de spéléologues amateurs, il y en a beaucoup dans le coin, pour se lancer à la recherche de Christian.

Les recherches débutent vers midi. Sous terre, on perd la notion du temps qui, à l'air libre, est rythmé par la luminosité et la position du soleil. Ces grottes sont énormes, avec des ramifications partout ; les recherches sont réalisées en ordre dispersé, sans aucune systématique, pensant qu'on va vite le trouver, mais ce n'est malheureusement pas le cas. Vers 20 heures, on stoppe les recherches, vu la fatigue de chacun, et on convient de les reprendre dès 7 heures le lendemain.

En surface, d'autres ont arpenté les bois alentour et ont trouvé une entrée, un trou très vertical, un véritable puits avec une corde attachée à un arbre. Ils ont remonté la corde pour découvrir qu'elle est trop courte pour atteindre le fond. Vu son aspect, elle a visiblement cédé. Muni d'une autre corde, un homme est descendu dans le puits au cas où Christian serait blessé, inconscient suite à une chute qui aurait été engendrée par la rupture de la corde, mais aucune trace à cet endroit.

Le lendemain, les recherches reprennent. Les policiers ont obtenu de l'administration communale un plan des grottes. Le commissaire a quadrillé la carte, défini des secteurs et des groupes se sont créés qu'il a affectés à chaque zone. À la fin de la journée, le bilan est le même que la veille : chou blanc.

Les jours passent et toujours pas de Christian. Les grottes sont vraiment très grandes, c'est vrai, mais depuis cinq jours, tout doit avoir été visité. Il faut se rendre à l'évidence : Christian n'est pas dans les grottes. D'autres hypothèses se font alors jour, telles qu'une fugue, mais on ne fugue pas à 23 ans ; un départ en voyage, mais ses papiers d'identité sont toujours à la maison ainsi que sa valise et toutes ses affaires ; un enlèvement, mais la famille n'est pas riche, il ne pourrait y avoir de rançon. Reste la possibilité d'un meurtre. Une enquête est ouverte, sans trop y croire.

Les jours, puis les semaines, puis les mois, puis les années passent. Dans le village, la disparition de Christian est devenue une légende qui inspire encore des spéléologues amateurs à visiter les grottes à la recherche du corps de Christian. Le découvrir serait comme trouver le Graal. Mais, après vingt-cinq ans, plus personne n'y croit.

Mais ce jour-là, la porte du commissariat s'ouvre et laisse passer trois jeunes gens, habillés en spéléologues, qui déposent un casque sur le comptoir.

« On a trouvé le corps de Christian.

— Le corps de qui ? » demande la jeune policière qui est toute nouvelle et qui, de plus, n'est pas du village.

— Ben, le corps de Christian, le gars qui a disparu il y a vingt-cinq ans. »

Surprenant la conversation, un policier qui, lui, est de l'endroit et connaît cette histoire, s'approche.

« Dites, les gars, on n'est pas le 1er avril, leur lance-t-il.

— Mais on vous assure, c'est vrai, regardez, c'est son casque, il y a son nom dessus. »

Un sourire aux lèvres, le policier s'empare du casque que lui tend le jeune homme, le regarde, l'examine puis ne sourit plus du tout, devient tout blanc et appelle : « Commissaire, venez voir, on a retrouvé Christian ! »

Deux heures plus tard, je suis là, on m'habille en spéléologue, je vais faire la première randonnée spéléologique de ma vie. Après plus d'une heure de marche et de *ramping* à travers les grottes avec la PJ, le labo et même le substitut du procureur, nous arrivons à l'endroit de la découverte.

Christian est là, en position couchée sur le dos, il nous attend depuis vingt-cinq ans. Bien sûr, le temps a fait son œuvre et il n'était plus qu'à l'état de squelette, mais il est bien là. C'est un squelette comme je n'en verrai plus jamais. Dans une grotte, sur un sol bien plat, à l'abri du vent et des intempéries, dans un milieu à température et hygrométrie stables, les os n'ont pas été altérés, ils sont restés à leur place, il n'y a eu aucune dispersion sauf une légère à hauteur de la colonne cervicale, provoquée par le retrait de son casque que les spéléos découvreurs ont emporté comme preuve de leur découverte. Il porte encore une veste ainsi qu'une paire de bottes et le reste des vêtements a disparu, rongé par l'humidité.

Les os sont intacts. À leur côté, je ramasse tout ce qui reste de l'activité entomologique, soit de nombreuses pupes[2] vides, pour les donner au docteur Leclercq, notre entomologiste forensique, qui, après un examen réalisé quelques jours plus tard, découvre même que ces cadavres de pupes appartiennent à des insectes qui sont inconnus chez nous, mais bien connus en Angleterre, ce qui lance un vaste débat sur leur présence sur le continent.

Le labo prend les photographies du lieu, de l'environnement qui a été celui des dernières heures de vie de Christian et qui a aussi été son tombeau durant tant d'années, puis je collecte les

2 Stade intermédiaire de l'insecte diptère entre la larve et l'imago.

os et les remonte en surface. Après vingt-cinq ans, Christian sort de ses grottes.

Je l'amène en salle d'autopsie pour explorer les os au mieux, mais l'examen ne montre rien, sinon l'absence de fracture. Je passe alors à un examen anthropologique qui me permet de confirmer qu'il s'agit bien du squelette d'un individu de sexe masculin, d'une vingtaine d'années, de type caucasien, ce qui correspond à Christian. Un dentiste forensique m'accompagne en salle d'autopsie. Il compare les dents du squelette avec celles de la fiche dentaire de Christian, conservée malgré les années et malgré la mort du dentiste traitant de Christian. Cet examen est déterminant : c'est bien Christian.

Il est rendu à sa famille qui peut enfin l'enterrer, mais, bien plus que l'enterrement, cette découverte met fin à des années de doute. En effet, puisque Christian n'avait pas été retrouvé malgré toutes ces recherches, on pouvait donc penser qu'il n'était pas mort dans ces grottes, mais qu'il vivait quelque part. Pour quelle terrible raison ne se manifestait-il pas ? Nul ne le savait, mais toutes les hypothèses étaient permises.

Les découvertes d'ossements sont rares sans être exceptionnelles, mais, la plupart du temps, ce sont quelques os que l'on trouve, rarement des squelettes complets. Je reçois, une fois par mois environ, une boîte ou un sachet contenant des os trouvés lors de travaux, la plupart du temps avec une demande d'analyse. Ce sont généralement des os d'animaux, mais, à l'occasion, ce sont des os humains.

Il y a quelques années, un spéléologue s'est attaché à trouver de nouvelles grottes. Il s'intéressait principalement aux éboulis qui s'entassaient au pied de grandes murailles de pierre et qui pouvaient cacher des grottes. C'est en dégageant de tels éboulis qu'il est tombé sur des ossements qu'il a collectés avant d'avertir la police.

Le procureur, Jacques, et moi avons fait la route ensemble, c'était à trente minutes de chez moi. Arrivés sur place, à notre grande surprise, les journalistes étaient là. Comment avaient-ils été prévenus ? Mystère. Mais cela nous a valu de faire les honneurs de la presse avec notre photo en première page du journal local, en train de manipuler les ossements découverts.

À leur examen, j'ai été surpris de voir des conformations osseuses que je ne connaissais pas. C'étaient bien des ossements humains, mais ils étaient un peu particuliers. Et, notamment, ils présentaient un troisième trochanter, ces saillies osseuses que l'on trouve à la face postérieure de l'épiphyse supérieure du fémur, cet os de la cuisse. En clair, il y avait une troisième bosse osseuse juste en arrière de la tête du fémur alors qu'il ne devait y en avoir que deux.

Les os ne montraient aucune trace traumatique, pas de fracture, et, comme on n'avait pas encore retrouvé le crâne, ma mission a été suspendue jusqu'à ce que celui-ci soit découvert, seule partie du squelette à permettre une identification.

Jacques m'a demandé de vérifier s'il y avait plus de vingt ans que cette personne était décédée et j'ai fait un test qui consistait, à l'époque, à illuminer l'intérieur de l'os à la lampe de Wood (lumière ultraviolette) qui n'a montré aucune luminescence, ce qui signifiait un délai *post-mortem* bien plus long que vingt ans, sans pouvoir être plus précis. Vingt ans, c'est le délai maximal de prescription pour les crimes. C'est pour ce motif qu'il intéresse tant les autorités judiciaires, car, si la mort remonte à plus de vingt ans, l'action publique est éteinte, on ne peut plus poursuivre les auteurs du crime. Jacques était donc rassuré, l'action publique était éteinte, mais il restait, néanmoins, à identifier cette personne.

Quelques jours plus tard, Jacques m'a appelé pour me donner des nouvelles de notre affaire. « Tu es assis ? » Jacques commençait à m'intriguer, je le sentais amusé au téléphone, j'étais donc rassuré, ce ne pouvait être rien de grave. « Oui, oui, dis-moi ». J'étais debout, mais il avait réussi à aiguiser ma curiosité et je voulais savoir ce qu'il avait à me dire. « C'est un homme du Néolithique », m'a-t-il dit.

Jacques m'a alors expliqué qu'un archéologue, en découvrant notre photo dans la presse, avait contacté la police pour voir les os. L'archéologue avait déterminé qu'il s'agissait d'ossements issus d'une sépulture du Néolithique. La zone a été déclarée « zone de fouilles archéologiques » et les travaux d'excavation qui avaient été entamés par notre spéléologue amateur et découvreur ont été poursuivis. Ce n'est pas sans un certain humour que les archéologues ont appelé ce site « Le trou de la PJ ».

« Allô, Docteur ? J'ai un squelette pour vous », m'a annoncé le procureur de garde. C'était à deux pas de l'IML, il faisait beau et j'aime prendre l'air. J'ai donc enfilé mon sac à dos qui contient tout le matériel nécessaire pour y aller à pied. Ça fait de nombreuses années que j'ai opté pour un sac à dos plutôt qu'une valise pour transporter mon matériel, ce qui me permet d'avoir les deux mains libres et une meilleure mobilité.

Le corps était au troisième et dernier étage de l'immeuble. La porte d'entrée donnait directement sur le séjour où se trouvait le corps, assis dans un fauteuil, face à la télévision. La télécommande se trouvait à côté de sa main droite, sur l'accoudoir. Il était en train de regarder « Les douze coups de midi », émission présentée par Jean-Luc Reichman, sur TF1. C'est un présentateur que j'aime beaucoup, je me suis dit : « Même les morts te regardent. » Comme le labo n'était pas prévu, j'ai pris les photos moi-même. C'est particulier, les photos, en médecine légale. Elles rendent une réalité bien plus crue, bien plus glauque que la réalité vraie. Ça me surprend toujours. Et les photos que j'ai prises ce jour-là n'échappaient pas à la règle, elles étaient d'autant plus glauques, d'ailleurs, que la télévision fonctionnait et que le visage de Jean-Luc Reichman est bien visible sur certains clichés, insistant sur le fait que, malgré la mort, la vie continue.

Le corps était assis complètement décharné, le squelette était apparent sous les restes de vêtements qui couvraient encore le corps par endroits et sous une couche de peau cartonnée par une forme de momification cutanée qui le couvrait encore aux membres et au thorax. Je ne sais par quel miracle la tête tenait encore, mais sitôt que je l'ai touchée, elle s'est détachée et est tombée sur ses genoux. Un grand moment, surtout pour les policiers qui ne s'y attendaient pas plus que moi, mais que cela a certainement choqués bien plus que moi.

Il n'y avait aucun cadavre de mouche, pas de pupes, il n'y avait donc pas eu d'activité de l'entomofaune : bref, les mouches et autres insectes n'étaient pas intervenus. Les fenêtres étaient bien fermées, aucun interstice, la température était de 20 °C et n'avait pas dû beaucoup varier. Dans de telles conditions, il faut plusieurs mois, entre quatre et six au minimum, pour qu'un corps soit rendu à l'état de squelette.

Les policiers avaient interrogé les voisins qui avaient bien senti une odeur un peu pénible il y a quelques mois, puis elle était passée. Ils l'avaient attribuée à des poubelles qui traînaient et qu'on avait fini par enlever. Le plus étonnant, c'était que, durant plusieurs mois, personne ne se soit inquiété de ce monsieur avant qu'une réparation doive être effectuée sur le chauffage central. La tuyauterie avait dû être vidée et, après réparation, le système devait être purgé. Ce monsieur ne répondait pas, et pour cause, et la police a été appelée.

Voir des morts, ce n'est rien, la mort nous surprendra tous un jour ou l'autre, mais voir la détresse sociale, la solitude et l'oubli même dans lesquels vivent certains est bien plus difficile.

Une superbe momie

« Allô, Docteur ? J'ai besoin de vous rue... Vous connaissez, je pense.

— Non, je ne connais pas, pourquoi devrais-je connaître cette rue ?

— Vous verrez sur place, vous allez être surpris. »

Je me demande bien quelle surprise on me réserve ce jour-là dans l'exercice d'un métier qui ne cesse jamais de me surprendre.

Arrivé sur place, je cherche la voiture de police comme d'habitude et je la trouve dès l'entrée de la rue, en face de la maison qui nous intéresse et où on a trouvé le corps. C'est une maison classique des années 1970, la fameuse maison « bel étage ».

Les policiers m'accueillent dans cette rue visiblement très fréquentée avec un grand sourire.

« Alors, Docteur, vous ne connaissez pas cette rue, vous êtes sûr ?

— Mais qu'est-ce que vous avez tous avec cette rue, qu'est-ce qu'elle a de si spécial ? »

C'est une rue en cul-de-sac, ce qui ne convient pas à sa fréquentation importante. Incité par les policiers, j'y fais quelques pas et découvre ce qui focalise l'attention de tous ces automobilistes : des filles en vitrine. Je suis, en fait, dans la rue la plus fréquentée de la commune, la rue des prostituées. Voilà qu'est résolu le mystère de cette rue où je reviendrai bien souvent dans ma carrière pour divers homicides ou tentatives d'homicide.

Elle est fort délabrée, cette maison, dont la porte d'entrée ne ferme plus. Elle a un temps été un squat au premier étage tandis qu'au rez-de-chaussée, les passants y soulageaient une tension vésicale avant d'aller, plus loin, soulager une tension périnéale.

Son propriétaire a disparu. Ce n'est pas pour déplaire aux filles qui occupent la rue, car il les insultait à leur passage, depuis une fenêtre du premier étage, les traitant de tous les noms d'oiseaux connus, de même que leurs clients qui ont appris à passer sur l'autre trottoir. Les habitués le savent, il ne faut pas garer sa voiture devant chez lui, au risque de susciter une véritable volée d'injures.

Et puis un jour, plus rien, plus d'injures, plus de grossièretés, plus de monsieur à sa fenêtre du premier étage. Inquiète, l'une d'entre elles avertit même l'un de ses habitués, un policier de la commune. C'est avec une certaine conscience du devoir que ce policier va frapper à la porte de l'intéressé, sans obtenir la moindre réponse. Par les fenêtres du rez-de-chaussée, il constate un désordre effroyable qui semble plutôt habituel. De retour au bureau, il prévient les services sociaux. « Ah oui, Monsieur Schlitz, on le connaît bien, il refuse notre aide et nous injurie à chaque fois qu'on passe pour le rencontrer, on a cessé d'y aller. » Puis le policier perd Monsieur Schlitz de vue, absorbé par d'autres travaux.

Six mois après sa disparition, les pompiers le recherchent en vain dans la maison lors d'un début d'incendie au premier étage. Un des sans-abri qui y squatte a allumé un feu qui a trop bien pris. Les pompiers se bornent à examiner les étages, là où le feu s'est répandu, puis la police met les scellés qui tiennent au moins une semaine avant que la maison ne retrouve des occupants de même qualité que les anciens, si ce ne sont pas les anciens eux-mêmes. Ceux-ci ne restent cependant pas, car le feu a rendu les lieux parfaitement incompatibles avec un séjour, même dans les conditions d'un squat.

Cette intervention relance le débat interrompu quelques mois plus tôt. « Mais où donc est Monsieur Schlitz ? » S'agissant d'un ressortissant étranger, l'hypothèse la plus répandue est qu'il est rentré dans son lointain pays, hypothèse qui a l'avantage de rassurer tout le monde.

Inexorablement, la maison continue à se délabrer. Le temps passe et toujours pas de nouvelles de Monsieur Schlitz, jusqu'à ce qu'arrive Léon. Léon ne le sait pas encore, mais il va résoudre l'énigme de la disparition de Monsieur Schlitz sans même savoir que cette énigme existe.

Léon, courtier d'assurances dans une compagnie qui a pignon sur rue, est un beau jeune homme de 35 ans que ses parents ont affublé d'un prénom qui n'est plus à la mode depuis bien longtemps en souvenir de son grand-père. Léon n'est pas marié, mais a une compagne, Nathalie, qu'il aime, mais qui n'est guère portée sur le sexe, ce dont il souffre parce que lui, dans la force de l'âge, ne manque ni d'envie ni de capacité à satisfaire ses partenaires. Ses copains lui ont dit : « Quitte-la, tu en trouveras une autre », mais Léon est amoureux et n'envisage pas de vivre sans elle. Ses copains, qui ne sont décidément guère avares en bons conseils, renchérissent : « Prends une maîtresse. » Mais Léon ne les a pas attendus pour y recourir. Nora est une très jolie fille d'origine magrébine, célibataire, qui sort à peine de l'école, elle a 22 ans. Elle vient d'être engagée à l'essai au département sinistres et Léon est son maître de stage. Tous les ingrédients sont réunis pour qu'il se passe quelque chose entre eux. Nora vit avec sa mère et ses trois sœurs, son père est mort depuis plusieurs années suite à un accident du travail en Belgique où il était venu travailler avant d'y faire venir toute sa famille. À plusieurs reprises, sa famille a tenté de la marier avec l'un ou l'autre gars du pays qu'elle ne connaît pas, des fils d'amis de la famille. Pétrie de culture occidentale, Nora n'a jamais accepté, envisageant même de fuir au cas où on tenterait de la forcer. Dans son pays d'adoption, les prétendants ne manquent pas et elle a déjà été amoureuse d'un garçon. Leur relation a duré plusieurs mois, puis ils ont rompu. Nora en a été meurtrie. Elle a décidé que le prochain serait le bon.

Et voilà qu'arrive son chevalier des temps modernes, 35 ans, sérieux, bel homme, travailleur, un homme qui lui apprend un métier, un pygmalion. Il a bien une compagne, mais pas de mariage ni d'enfant, ce n'est donc pas *a priori* le signe d'une liaison bien établie ni bien engagée. Léon lui plaît. Nora a décidé que ce serait lui, l'élu, et il ne va pas tarder à le découvrir.

Il fait son entrée, l'élu, pour une journée de travail comme les autres. Et voilà bientôt Léon coincé entre l'amour qu'il a pour Nathalie et celui qu'il a pour Nora. On ne peut pas aimer deux personnes à la fois. Ce n'est pas que l'on en soit incapable, mais c'est que c'est une situation invivable. Et puis Nathalie découvre le pot aux roses. Léon manque d'expérience, il ne sait pas que ce sont les détails qui éveillent des soupçons chez les femmes, elles qui sont capables, à 5 mètres, de repérer un cheveu noir sur un veston noir lorsque ce cheveu ne leur appartient pas. Et Léon lui raconte tout, ce qui met fin aux deux relations, car Léon se rend compte, au moment de la perdre, qu'il aime bien plus Nathalie qu'il ne le croyait. Mais au bout d'un temps, ils se remettent ensemble; Nora a changé de service, il ne la voit plus.

On ne peut pas dire que cette aventure ait motivé les envies sexuelles de Nathalie, c'est même plutôt le contraire. Pour Léon qui a bien compris la leçon, plus question d'avoir une relation extraconjugale, il a compris qu'il n'était pas fait pour gérer une telle situation. Restent les prostituées. Léon se rend en voiture dans cette fameuse rue. Il gare sa voiture bien loin, pour ne pas être repéré, il ne manquerait plus que ça. C'est à pied qu'il entreprend de visiter cette rue peu engageante, surtout de nuit, malgré tous les néons qui l'illuminent. L'ambiance de ces rues est toujours fort particulière, que ce soit à Paris, à Londres ou à Liège. Les voitures roulent au pas, s'arrêtant souvent, les hommes se croisent sans se saluer, les filles en vitrine sourient à tout le monde et appellent du doigt, on parle argent comme s'il s'agissait d'acheter un morceau de viande à l'étal d'un boucher. Il y a de très belles filles de toutes les ethnies.

Quand je combinais encore médecine légale et médecine générale, je soignais plusieurs prostituées dans un autre quartier de la ville. Véronique m'avait appelé alors qu'elle était au travail, car elle se sentait fiévreuse et toussait un peu. Elle m'avait demandé de passer en visite à domicile, ce que j'avais accepté. Ce n'était pas la première fois et j'avais pris l'habitude de passer entre deux de ses clients. Véronique était une très jolie fille de 23 ans et elle avait un succès fou. Ce jour-là, je m'étais garé devant sa vitrine dont les rideaux étaient fermés, ce qui signifiait qu'elle travaillait. J'ai donc attendu jusqu'à ce que je voie sortir un homme de plus de 70 ans bien ravagé par le temps. Je me suis dit qu'elle avait quand même un certain courage. Je suis entré, j'ai soigné Véronique, elle m'a payé le prix de la consultation en se moquant de moi, comme d'habitude, et en me disant que je gagnais bien peu après avoir fait autant d'années d'études alors qu'elle, sans jamais avoir étudié, gagnait bien mieux. Elle avait raison ! Au moment où je sortais de son boui-boui, une voiture de police passait, les policiers qui me connaissaient comme médecin légiste m'ont évidemment reconnu, nous ne sommes pas si nombreux dans la profession.

« Ça va mieux, Docteur ?

— Détrompez-vous, je suis allé soigner Madame

— Oui, oui, ils disent tous ça, bonne journée, Docteur ! »

J'avais l'air malin et Véronique, qui n'avait rien loupé de la scène, se marrait. On se sent parfois bien seul.

Léon fait son choix, mais il est pris d'un besoin plus que pressant et cherche l'endroit où se soulager. Pas facile dans une rue où il y a tant de passage. Il a repéré une maison à l'entrée de la rue qui paraît abandonnée et qui pourrait bien lui être utile. Arrivé à la maison, il constate que la porte est ouverte, il entre, l'éclairage de la rue lui donne encore une bonne vision dans le vestibule, de même que dans la pièce de droite qui doit être une pièce de séjour, encombrée d'un tas d'objets, à tel point qu'il est impossible d'y pénétrer. C'est à côté de la porte d'entrée, c'est dissimulé aux regards, c'est le bon endroit. Léon se met en position, ouvre sa braguette, écarte son slip et commence à se soulager lorsqu'il voit, au sol, dans un jet de lumière blafarde qui pénètre la pièce depuis la rue, un visage qui le regarde. De peur, il hurle et sort de la maison en courant, tout son attirail à l'air, juste au moment où passe une voiture de police. C'est ainsi que Léon retrouve Monsieur Schlitz et c'est ainsi que Léon doit penser qu'il est maudit. Pas sûr qu'il y retournera.

Le corps est là, devant nous, qui nous regarde de ses globes oculaires vides, bouche ouverte, couché au sol. Il est entièrement nu, sa tête est posée contre un seau et sa jambe gauche posée sur un autre seau, à peine découvert parmi tous les détritus qui jonchent cette pièce. C'est incroyable qu'on ne l'ait jamais vu. Le corps est momifié.

Vu les circonstances un peu particulières, le juge d'instruction me requiert pour réaliser une autopsie. L'autopsie d'une momie, c'est une première pour moi. Je fais amener le corps à l'IML. Philippe Gilon est un jeune inspecteur de la PJ à l'époque et il s'en souviendra longtemps. Il a requis les pompes funèbres locales pour assurer le transport du corps jusqu'à l'IML et ils sont venus avec leur corbillard tout vitré. Lorsqu'ils ont déposé le corps de Monsieur Schlitz dans le cercueil, la jambe gauche en sortait puisqu'elle avait reposé en appui sur un seau. Il suffisait de la déplier, me direz-vous. C'est vrai pour tous les cadavres, sauf pour les momies. La momification est un processus qui se produit par déshydratation des tissus. Tout son membre inférieur était donc déshydraté, impossible à mobiliser à moins de le scier, ce qu'ils n'ont bien évidemment pas fait. Le corps a donc traversé toute la ville avec son genou bien apparent à la vitre du corbillard.

Une fois installé sur ma table, je commence par le radiographier à la recherche d'un éventuel projectile, bien que je ne voie pas d'orifice, voire de quelque fracture, bien qu'il ne présente aucune déformation. Je poursuis ensuite mon examen par le dos que je n'ai aucune peine à autopsier, car il n'existe plus. Le corps a été trouvé couché sur le dos, ce qui signifie que celui-ci était au contact du sol, maintenant à cet endroit un certain niveau d'humidité; tout le revêtement jusqu'aux côtes a donc putréfié, laissant la cage thoracique et la colonne vertébrale bien visibles. Déjà, je peux deviner que l'intérieur du corps est vide, puisque je ne vois plus aucun contenu dans la cage thoracique.

Je retourne ensuite le corps et tente de l'ouvrir. Il faut une force inouïe pour y parvenir dans les conditions d'une autopsie classique où on fait une incision médiane, on sépare les tissus et on les récline de part et d'autre, ce qui est ici parfaitement impossible à réaliser vu la momification qui a rendu tous les tissus desséchés et durs comme de la pierre. J'opte donc pour une découpe du revêtement cutané par blocs. Ce n'est pas simple, j'y casse plusieurs lames avant de penser à me servir de la scie à plâtre, bien plus efficace qu'un scalpel dans de telles conditions. J'ouvre le thorax et puis confirmer ce que j'ai deviné lors de l'examen du dos : il n'y a plus aucun contenu. J'ouvre ensuite l'abdomen où je ne trouve plus que quelques amas tissulaires desséchés à hauteur du foie et d'un des deux reins. Tout le reste a disparu, s'est liquéfié sous l'effet de la putréfaction. À l'ouverture de la boîte crânienne, le même spectacle m'attend, il ne persiste que quelques reliquats desséchés des méninges.

Mais où sont donc passés tous ces organes ? Les anciens Égyptiens le savaient : pour conserver le corps, il faut le vider de tous ses organes, car ils empêchent la momification en raison d'un taux de liquides bien trop élevé. Ils retiraient tous les organes du corps du défunt et les plaçaient dans des « vases canopes ». Même le cerveau était sorti en passant par le haut du nez et en fracturant l'os, la lame criblée de l'ethmoïde, permettant un accès direct à la boîte crânienne. Ils le liquéfiaient puis l'extrayaient avec de petits crochets. Ils déshydrataient ensuite le corps dépourvu de ses organes internes en le lavant avec une solution de natron avant de l'envelopper de bandelettes en lin.

L'autopsie n'a donc rien rapporté sur le plan judiciaire. Il peut s'agir d'une mort naturelle, mais, compte tenu de la décomposition du corps, je ne peux pas être plus précis. Même si aucune trace suspecte n'est relevée, la décomposition est telle que je passerais nécessairement à côté de certaines causes de décès comme une strangulation ou un empoisonnement.

Reste à évaluer le moment du décès. Dans le cas d'un corps momifié, la seule manière est de recourir à l'étude des insectes présents sur le corps, soit à l'entomologie médico-légale. À nouveau, nous avons recours au docteur Marcel Leclercq, entomologiste liégeois de renommée mondiale, qui retrace l'évolution des différents insectes retrouvés sur le corps et date le moment du décès à 547 jours avant sa découverte, soit un an et 182 jours plus tôt.

Ce sera la plus belle momie de toute ma carrière, dont les photographies d'autopsie ornent toujours mon cours sur la thanatologie médico-légale.

À propos de momies, partons pour un moment en voyage à Palerme, en Sicile, piazza Cappuccini, dans les *Catacombe dei Cappuccini*. Au Sud de Palerme, à la fin du XVIe siècle, les moines capucins ont dû vider leur cimetière et ont, dès lors, exhumé les corps de leurs frères pour les enterrer en un autre endroit. Quarante-cinq des corps exhumés n'étaient pas décomposés, mais momifiés. Les moines capucins ont pris cela pour une intervention divine alors que nous savons aujourd'hui que cette momification est due à l'action de la terre d'ensevelissement très calcaire. Il m'arrive parfois de regretter que tout puisse ainsi s'expliquer rationnellement. Ces moines momifiés ont été exposés, puis les moines se sont mis à chercher des techniques de momification. Ils ont ainsi mis au point une technique consistant à placer le défunt dans une chambre de dessiccation où le corps était placé sur une grille au-dessus d'une eau courante de manière à favoriser la circulation de l'air pendant une période qui pouvait durer jusqu'à huit mois, puis le corps était lavé au vinaigre et habillé par la famille qui avait la charge de veiller à la garde-robe du défunt. La famille était, par ailleurs, chargée de renouveler l'habillement du défunt lors de la fête des morts. Les niches et alcôves où étaient disposées ces momies étaient vendues à l'avance à celui qui désirait y être exposé et il n'était pas rare que le futur défunt s'y place pour vérifier s'il y serait bien installé une fois mort. Le succès était tel que la crypte a été agrandie et que les morts y ont été disposés par classes, voire par professions. Ainsi, vous y verrez la galerie des prêtres, celle des frères, des hommes de profession libérale, etc., et une galerie pour les filles mortes en état de virginité. On y dénombre pas moins de 8 000 corps.

C'était, vraisemblablement, pour ces 8000 morts présents, une manière de tromper la mort. Au XIXe siècle, bien qu'une toute nouvelle loi interdise que cette pratique se poursuive, il y en a encore eu quelques-uns, dont le corps de cette petite fille, décédée à 2 ans en 1920, particulièrement bien conservée.

De manière générale, n'hésitez jamais à visiter un monastère ou un ancien monastère capucin, vous risquez de ne pas être déçus.

Mort à la ferme

Qui n'a pas vu les films *Hannibal* et *John Rambo* dans lesquels des cochons s'attaquent à des êtres humains et les dévorent? On se dit que ce n'est qu'un film, que les scénaristes ont encore inventé, déformé la réalité pour rendre le film plus poignant… Et pourtant…

« Allô, Docteur? Un fermier aurait jeté sa femme aux cochons, qu'est-ce qu'on fait?» On a beau s'attendre à tout, être rodé par des années de métier, il y a des coups de fil que l'on n'oublie jamais, et celui-ci en fait partie.

Deux fermiers, que nous appellerons Jean et Joseph, ne s'entendent guère pour une histoire de terre qu'ils se disputent avec une rage et une haine à faire pâlir un Corse. Jean et Joseph sont voisins, ils peuvent s'épier d'un versant de colline à l'autre et Joseph ne s'en prive pas, jusqu'au jour où il voit Jean porter le corps d'une femme et le jeter dans l'enclos aux cochons. Il prévient aussitôt la police qui arrive sur place.

Jean n'est pas un inconnu de la police locale. Il a déjà présenté des troubles psychiques et a été suivi par un psychiatre, il a déjà été menaçant, voire agressif, avec des promeneurs qui ont déposé plainte à la police. Bref, Jean n'est pas tout blanc.

Jeanne, la femme de Jean, est introuvable. Elle ne conduit pas, elle n'a d'ailleurs pas le permis, elle n'a donc pas pu partir en voiture. Elle n'est pas partie en déplacement, ses papiers d'identité sont toujours là. L'enclos à cochons ne recèle aucun fragment corporel, pas de sang, pas de vêtement, même pas un lambeau. Après l'avoir exploré, les policiers font le tour de la maison et ne découvrent de traces ni de lutte ni de sang. Bref, rien. Si Joseph n'avait pas lancé l'alerte, on aurait vainement cherché Jeanne durant des années.

Où donc est Jeanne ? Jean est muet, il ne dit rien sinon des borborygmes complètement incompréhensibles, et semble perdu à tel point que je le ferai prendre en charge par les services médicaux, transporter en hôpital et observer un temps en psychiatrie.

Au téléphone, après qu'il m'a décrit la situation qui le laisse aussi épaté que moi, le substitut du procureur, qui n'a jamais connu une telle situation, me demande que faire. Sachant qu'il faut en moyenne une à deux heures entre la prise de connaissance des faits par la police et ma réquisition par le Parquet, ce qui m'est confirmé dans le cas présent, je demande au procureur de faire abattre le plus gros cochon immédiatement.

Abattre pour stopper la digestion afin que je puisse encore trouver quelque chose dans l'estomac, qui me permettrait d'identifier au moins la personne, si pas la cause de décès. Abattre, car on n'a plus le temps d'attendre le passage d'un vétérinaire pour endormir le cochon et lui faire un lavage gastrique pour récupérer le contenu de l'estomac. Le plus gros cochon, parce qu'il n'y a pas de mystère, comme j'ai l'habitude de l'exprimer en des mots simples et compréhensibles par tous : « Si t'es gros, c'est que tu bouffes », sauf maladie, bien entendu. C'est donc chez le plus gros que j'ai le plus de chances de trouver des morceaux, et en plus grande quantité.

Les policiers ne sont pas très enthousiastes à l'idée d'abattre le cochon, ce qui se comprend, mais ils changent vite d'avis quand je leur explique que c'est le tuer ou fouiller dans les déjections dès le lendemain pour rechercher les dents et les cheveux de Jeanne, seuls éléments que les cochons ne peuvent pas digérer. Sur la base des dents et des cheveux, on peut encore faire une identification génétique, absolument nécessaire. Chance pour les policiers, parmi leurs collègues de cette zone de police, il y a un ancien abatteur de bétail qui intervient très rapidement pour tuer le cochon et soulager ses collègues.

Sur le trajet, je téléphone à un vétérinaire, Philippe Schutters, qui, des années après, se souviendra toujours du coup de fil par lequel je lui demande où se trouve l'estomac d'un cochon, ce qui me vaut cette réponse : « Comme chez les humains », ce qui simplifie grandement les choses.

Arrivé sur place, il y a une certaine effervescence. Les cochons survivants ont été déplacés dans un autre enclos, laissant leur copain mort dans l'enclos de base devenu scène de crime. Le labo effectue quelques prélèvements dans l'enclos puis me donne le feu vert.

J'ouvre alors l'estomac du cochon et y trouve de nombreux morceaux, dont les plus gros font entre 3 et 5 cm^3. Impossible d'identifier s'ils sont humains ou non. J'en prélève donc à des fins d'analyse ADN. Ces morceaux ne sont guère nombreux et ne permettent pas de savoir si la victime a été jetée morte ou vivante dans l'enclos, ni même de quoi elle est morte.

Le labo inspecte toute la maison et, comme les policiers avant lui, ne trouve rien qui permettrait d'apporter des indices quant à ce qui a pu se passer. Le mystère reste entier et comme nous sommes dans la réalité et non dans la fiction, il va le rester.

Quelque temps plus tard, Jean sort de sa torpeur grâce à des soins adaptés en milieu psychiatrique et précise qu'il a trouvé Jeanne décédée et l'a jetée aux cochons sans pouvoir en expliquer la raison.

Je suis requis par un juge d'instruction avec un psychiatre pour prendre connaissance du dossier médical de Jean et évaluer la crédibilité de ses dires. Il est évident qu'il a présenté un trouble psychique majeur qualifié de bouffée délirante aiguë au moment de son admission dont il s'est assez rapidement remis et qui aurait pu justifier son comportement si particulier.

Bien sûr, le doute persiste et notre rapport, vu la prudence avec laquelle il est rédigé, ne convainc personne. En particulier, Jean ne convainc ni les policiers ni le procureur.

Quelques jours après les faits, le labo ADN confirme bien que les morceaux que j'ai prélevés dans l'estomac du cochon sont des morceaux de Jeanne. L'affaire s'arrête là, par manque de preuves puisque je ne peux pas déterminer quelle est la cause du décès de Jeanne, l'examen des lieux n'a rien révélé de suspect, je ne peux même pas déterminer si elle était vivante lorsque Jean l'a précipitée aux cochons, et le comportement de Jean peut s'expliquer par une bouffée délirante aiguë dont il est désormais guéri.

C'est une histoire très frustrante, car, finalement, à part prouver que le corps de Jeanne a bel et bien été mangé par des cochons, rien de concluant n'en est ressorti. Même si cette histoire me laisse un goût amer parce que la médecine légale, bien qu'au bout de ses capacités, n'a pas été en mesure d'apporter des réponses aux questions qui se posaient et qui se posent toujours, je l'aime pour son caractère particulier qui la rend unique.

N'imaginez pas que les agressions par des animaux se limitent aux cochons ! Bien d'autres animaux sont également en lice, comme les sangliers, les chiens, les chats et les rats, pour ne citer que les plus courants. Les sangliers s'attaquent aux corps surtout lorsqu'ils sont morts, délaissés dans un bois. En général, on retrouve le squelette éparpillé façon puzzle sur une large zone, ce qui démontre qu'ils emportent des morceaux détachés du corps pour les manger à l'aise à l'écart, sans doute loin des autres. Certaines races de chiens ne sont pas en reste, comme on le voit souvent à la télévision, soit parce qu'ils attaquent d'autres animaux, soit parce qu'ils s'attaquent aux humains. Une dame d'une soixantaine d'années gardait le chien de son fils, un pitbull, et lui donnait à manger lorsque celui-ci lui a sauté au cou et l'a dévoré. La tête a été retrouvée séparée du corps et il manquait une vertèbre cervicale que je n'ai jamais retrouvée.

Certains chiens sont soumis à un stress intense lors de la mort de leur maître, comme le montre l'histoire suivante. Un homme décède en faisant du jardinage tandis que ses deux chiens, des dobermans, l'accompagnent. Après plusieurs heures d'absence, son épouse part à sa recherche, car il ne répond pas. Elle le trouve inanimé à côté du potager et appelle les secours, qui ne peuvent que constater le décès et... l'absence de mains. Interpellé par cette découverte pour le moins surprenante, le substitut du procureur me mandate pour examiner le corps et trouver une explication. À l'examen, je peux déterminer que cette double amputation a eu lieu *post-mortem* et, comme je ne trouve pas d'autre explication à leur disparition que le fait que les chiens les auraient mangées, un vétérinaire est appelé par le magistrat qui nous explique que certaines races de chien réagissent de cette manière, car ils n'arrivent pas à réveiller leur maître.

Les chats eux aussi s'attaquent aux corps décédés en mâchonnant les zones cartilagineuses comme les oreilles et le nez. Ils ne font jamais plus de dégâts et se laissent plutôt mourir de faim que de manger de l'humain.

Reste à parler... des rats. Il y en a partout, surtout là où il y a de l'activité humaine à cause des déchets que nous générons et qui leur constituent une réserve inouïe de nourriture. Ils s'attaquent au corps défunt en débutant généralement par le cou, juste au-dessus du sternum, et pénètrent dans la cavité thoracique.

Un jour où j'examinais un corps où ce trou était présent, j'ai vu un rat sortir à toute allure et s'enfuir dans ma salle d'autopsie, provoquant de nombreux cris tout au long de son trajet et la perte de conscience de la stagiaire qui m'accompagnait. On ne l'a jamais retrouvé et j'ai dû mettre de la mort au rat dans tout le bâtiment pour être sûr, s'il était resté, de le tuer. Ça ne m'aurait guère plu qu'il s'attaque à d'autres corps conservés chez nous.

L'homme qui voulait mourir

Florent est décidé, il va en finir avec la vie. Pas sur un coup de tête, pas sur un caprice, c'est réfléchi, pensé et pesé. Il a la soixantaine bien faite, sa carrière s'est achevée suite à une restructuration de son entreprise deux ans plus tôt, les enfants sont casés et, après trente ans de mariage, l'amour est passé pour laisser place à l'habitude. Il a l'impression que sa vie est terminée puisqu'elle n'a plus aucun but, plus aucun objectif. Il a eu tout ce qu'il voulait : femme, maison, enfants, un travail qui lui plaisait et là, plus rien. Dans sa logique implacable d'ingénieur, c'est donc fini.

JJ-7. Pour les siens qui l'ont vu dépérir d'ennui, Florent va mieux, sans que personne ne sache pourquoi. En réalité, Florent va mieux parce qu'il a pris sa décision. Il se rend à la commune pour se présenter comme donneur d'organes. La dame de l'accueil le félicite de ce choix, qu'il réalisera « le plus tard possible, Monsieur ». Florent, lui, connaît déjà le jour et même l'heure, mais il ne le lui dit pas.

JJ-6. Passage ensuite chez le notaire, où il dépose son testament. Il laisse tout à Paulette, sa femme. Il n'en est plus amoureux depuis de longues années, mais elle est devenue son amie, une compagne de tous les instants et il souhaite que tout lui revienne.

JJ-5. Passage aux pompes funèbres, où il choisit son cercueil, un beau cercueil en bois blanc sans fioritures et surtout sans crucifix : il est athée convaincu. Il le paye et paye déjà également son enterrement.

JJ-4. Passage chez le médecin traitant. À quoi bon aller faire vérifier son état de santé quand on sait qu'on va mourir dans la semaine ? C'est une bonne question. Mais le rendez-vous est là, de longue date, une visite de routine pour vérifier son état cardiaque. Florent a reçu un pacemaker quelques années plus tôt, car ses oreillettes ne se contractaient plus, elles fibrillaient, et cette fibrillation auriculaire risquait de permettre à des caillots de sang de se former et d'engendrer soit une embolie pulmonaire, soit un AVC.

Son médecin le connaît depuis trente ans, Florent a même été parmi ses tout premiers patients. Il ne l'a pas vu souvent, car il s'est toujours bien porté, sauf pour cette petite faiblesse cardiaque. Dans la salle d'attente, Florent voit une petite affiche qui indique : « Vous pensez au suicide ? Parlez-en à votre médecin. » Il attend patiemment son tour. Il est bien connu qu'un médecin n'est jamais à l'heure et chez le docteur Paul particulièrement, le patient porte bien son nom, il faut effectivement l'être, patient. Florent ne se plaint pas, il a encore un médecin généraliste à une époque où ils se font de plus en plus rares depuis que le gouvernement a décidé de limiter l'accès à la profession, imaginant que réduire le nombre de médecins réduirait le nombre des malades. C'était aussi idiot que de penser que réduire le nombre de croque-morts réduirait le nombre de morts. C'est le genre de décision gouvernementale qui, par sa stupidité, a achevé de convaincre Florent qu'il ne sert plus à rien de voter pour une telle bande d'imbéciles qui sacrifient la santé des gens au bénéfice de l'État, alors que ça devrait être tout le contraire.

Le docteur Paul le fait entrer dans son cabinet. Florent se déshabille comme d'habitude et le docteur l'ausculte.

« Pas de problème, tout va bien ?

— Oh oui, Docteur, tout va bien.

— Et vos idées noires ?

— Ça va beaucoup mieux, Docteur, depuis que vous m'avez donné ces médicaments. »

Florent a commencé à les prendre, mais il a vite arrêté, car il sentait qu'ils l'affaiblissaient, ce qu'il n'a jamais dit au docteur Paul.

« Docteur, mardi, vous serez appelé à cause de moi vers 8 heures, pas plus tôt à mon avis.

— Ah bon ? C'est gentil de me prévenir, mais pour quel motif m'appellerez-vous ?

— Ce ne sera pas moi, Docteur, mais ma femme, vous verrez.

— Rien de grave ?

— Rien de vital. » Le médecin n'insiste pas, il a d'autres patients à voir et pense bien, connaissant Florent, qu'il ne lui en dira pas plus.

« Bon, eh bien, à mardi matin, alors.

— C'est ça, Docteur, c'est bien ça. À mardi. »

JJ-2. Paulette a réuni toute la famille, comme tous les dimanches. Elle se réjouit que Florent sourie, lui à qui ça n'arrivait plus depuis si longtemps. Il joue avec leurs petits-enfants, quatre petits bouts qui l'appellent Papy. Tout se passe très bien. Ils ne le savent pas en le quittant, mais Florent leur dit adieu en les serrant bien fort dans ses bras.

JJ. Il est 9 heures 30 quand le téléphone sonne, je suis de garde. « Allô, Docteur ? On a un mort un peu spécial, j'aimerais que vous alliez voir. » Je prends aussitôt la route, c'est à vingt minutes, j'y serai vite. Arrivé dans la rue, je cherche la voiture de police, comme toujours. Je me gare, j'approche de la porte d'entrée quand un policier se présente à moi et me conduit dans le garage où se trouve le corps de Florent. Je n'ai jamais vu un garage aussi propre, pas une tache sur le béton lissé du sol, tous les outils sont parfaitement rangés à leur place, laquelle est symbolisée par le dessin de l'outil sur le mur. Je me dis que ce devait être un homme très organisé, sans doute un peu psychorigide.

Le corps de Florent est couché au sol, sur une couverture, les membres le long du corps. Sa femme l'a découvert dans cette position et n'a touché à rien. Paulette a raconté que Florent s'est levé vers 5 heures pour aller aux toilettes, comme d'habitude. Sa prostate commençait à lui faire quelques soucis, motif pour lequel il évitait de trop boire le soir. Paulette s'est rendormie et c'est au réveil qu'elle a constaté que Florent n'était pas revenu se coucher à côté d'elle, ce qui était très inhabituel. Elle l'a cherché, elle l'a appelé sans obtenir de réponse. La voiture n'était pas rentrée dans le garage, il l'avait laissée dans l'allée la veille et la voiture était toujours là, de même que son veston avec tous ses papiers. Il n'était donc pas parti, il devait toujours être dans la maison. Paulette le cherchait désormais avec une certaine inquiétude. Que pouvait-il lui être arrivé pour qu'il ne réponde pas? En entrant dans le garage qui lui servait aussi d'atelier pour ranger ses outils et bricoler, elle l'a trouvé inanimé. Paulette a aussitôt appelé le docteur Paul, il était 8 heures 10, mardi.

Le docteur Paul est arrivé et, sans trop toucher au corps, a constaté que Florent était bel et bien mort, sans doute depuis plusieurs heures. C'est alors que la conversation qu'il avait eue avec lui quatre jours plus tôt a pris tout son sens, un sens qu'il n'aurait malheureusement pas pu deviner. Et même s'il l'avait deviné, qu'aurait-il pu faire? Quand quelqu'un est aussi déterminé, rien ne peut l'empêcher de parvenir à ses fins. Le docteur Paul a rédigé le certificat de décès et a appelé la police, puisqu'il s'agissait à l'évidence d'un suicide. Il les a attendus avec Paulette pour la réconforter.

À côté du corps, il y a des papiers bien rangés, la copie de son testament qu'il a déposé chez le notaire, le papier autorisant le prélèvement d'organes et le contrat qu'il a signé avec les pompes funèbres cinq jours plus tôt. Tout est là, bien rangé, pas besoin de chercher.

Paulette ne comprend pas. Il allait mieux, depuis une semaine, il s'était même remis à sourire. Le docteur Paul lui explique que cela arrive souvent juste avant un suicide : une fois que la personne a décidé d'en finir, elle va mieux parce qu'elle est soulagée d'avoir fait son choix, celui de la mort.

Tout s'éclaire pour Paulette : sa façon de dire au revoir aux enfants et aux petits-enfants, si chaleureuse, son changement d'humeur qui datait d'environ une semaine et qui lui avait fait tant plaisir annonçaient, en fait, la fin. Comme toujours dans ces cas-là, on s'en veut de n'avoir rien vu, rien compris. Paulette s'en veut. Mais comment aurait-elle pu deviner? Personne n'a rien vu. Elle en veut à Florent de toute cette souffrance qu'il lui impose.

À côté du corps, il y a aussi une boîte de secours ouverte, une pince coupante, une seringue vide munie d'une aiguille et un cutter. La pince coupante ne présente aucune particularité; par contre, le cutter montre des traces de sang et de liquide gras comme j'en ai sur mes scalpels, en autopsie, après avoir ouvert la peau.

Florent est vêtu d'un pantalon de pyjama et de pantoufles. Le haut du pyjama est plié à côté de lui. Il est torse nu. Je débute mon examen par la tête, comme à mon habitude, et je relève les traces habituelles de l'asphyxie que sont la cyanose, une couleur bleue du visage bien marquée et causée par l'excès de CO2 dans le sang et des pétéchies sur les paupières, ces petits points rouges dus à de petites veines qui se sont rompues sous la pression du sang qui s'accumulait, car il ne pouvait plus retourner au cœur.

En région du cou, je relève des traces qui évoquent la présence d'un lien que je ne trouve ni sur le cou ni autour du corps. Les policiers commencent à rechercher ce lien et s'en ouvrent à Paulette, qui se souvient l'avoir retiré du cou de Florent, un réflexe. Elle l'a déposé sur l'établi. C'est, en fait, un lien en caoutchouc dont on se sert pour faire des prises de sang en le plaçant autour du bras. Il vient de la boîte de secours qui se trouve à côté de Florent. Ce n'est ni Paulette ni le docteur Paul qui ont amené cette boîte de secours, elle s'y trouvait déjà lorsque Paulette a découvert le corps.

Arrivé au thorax, je découvre une plaie de 5 cm de long qui laisse voir le câble du pacemaker. La plaie a été faite par un instrument tranchant tel que le cutter qui se trouve à côté du corps et dont la lame a bien pu être salie en réalisant cette plaie du thorax. Le câble a visiblement été « tripoté », car j'y trouve des traces de section partielle. On a tenté de le couper sans y parvenir.

À l'examen des membres supérieurs, je relève une trace d'injection dans le pli du coude gauche qui semble gonflée et, visiblement, ce n'est pas un hématome. À la palpation de cette région, je ressens un crépitement, c'est de l'air. Il y a de l'air sous la peau. Il n'a pu y arriver que par une injection au moyen d'une seringue remplie d'air.

Le corps ne présente aucune autre lésion, je peux donc commencer à interpréter ce que j'ai relevé pour découvrir ce qu'il s'est passé. Je pense que, dans un premier temps, Florent a tenté de couper le câble de son pacemaker pour permettre la survenue d'un trouble cardiaque qui l'aurait tué. C'était une idée, mais, si le pacemaker avait été placé pour lutter contre une fibrillation auriculaire, il aurait pu attendre des mois, voire des années avant qu'un caillot se forme et crée éventuellement un AVC qui aurait pu, de plus, ne pas être mortel. En clair, l'idée n'était pas bonne, d'autant plus que les câbles de pacemaker sont hyper résistants et, même avec une bonne pince coupante, il faut une sacrée force pour parvenir à les couper. D'ailleurs, il n'y est pas parvenu et a renoncé.

Dans un second temps, il a tenté de s'injecter de l'air dans les veines pour provoquer une embolie gazeuse. Pour ce faire, il a utilisé le garrot de sa boîte de secours pour bloquer le retour veineux de l'avant-bras, a rempli une seringue d'air ambiant, a placé l'aiguille sur la seringue puis a tenté de piquer dans une veine du pli du coude et d'y injecter tout l'air contenu dans la seringue. Malheureusement pour lui, il n'a jamais trouvé la veine et a injecté l'air en sous-cutané, créant ce que nous appelons un emphysème sous-cutané que j'ai perçu en palpant cette région. De toute façon, s'il avait trouvé la veine et s'était injecté de l'air, il ne serait pas mort, car une seringue de 5 cc est bien trop petite pour réaliser une embolie assez massive pour entraîner le décès.

Enfin, en désespoir de cause, il a utilisé le brassard en caoutchouc pour le placer autour de son cou en le serrant et en le fixant par un nœud. De cette manière, il créait une asphyxie par strangulation au lien à l'origine également de la cyanose et des pétéchies que j'ai relevées.

À l'évidence, Florent était bien décidé à mourir.

« Allô, Docteur? Pouvez-vous vous rendre rue... pour voir le corps de Madame... Elle est pendue, mais on a de drôles de traces. »

En clair, ça veut dire que le médecin généraliste appelé sur place est un peu perdu par rapport à ce qu'il voit. Et il fait bien de ne pas s'avancer. Quand on ne sait pas, on le dit, il n'y a aucune honte à cela et c'est même intelligent.

Je commence à avoir l'habitude d'aller dans le quartier où vit la famille de la défunte, car elle est la troisième parente à se suicider en trois semaines. À ce rythme-là, il ne restera bientôt plus personne dans cette famille.

Comme d'habitude, je vois la voiture de police, je me gare et un policier vient à ma rencontre. Il faut dire que ma voiture est très connue des forces de l'ordre dans la région. C'est quand je change de voiture au bout de mon leasing, toujours de quatre ans, qu'ils sont tout décontenancés.

« C'est vous, Docteur?

— Oui, oui. Ne vous inquiétez pas, j'ai juste changé de voiture.

— Ah bon, j'ai eu peur! »

Mais peur de quoi? J'aurais dû demander.

Le policier m'explique comment le corps a été découvert. C'est toujours un peu la même chose. La personne ne répond pas aux appels, on s'inquiète, on envoie la police qui ouvre la maison, on fouille et on trouve le corps. Dans le cas de Martine, il est dans la cave, pendu à une conduite du plafond, en pendaison incomplète puisque les deux pieds touchent le sol. Les pieds se trouvent sur un torchon qui contient encore un peu d'humidité. À proximité, deux fils électriques dénudés pendent dans le vide.

Martine porte un chemisier blanc qui présente des taches de sang en antérieur gauche, dans la région cardiaque. Les autres vêtements ne présentent aucun dégât. Comme d'habitude, je profite de la position pour déshabiller le corps puis je le dépends et le couche au sol avec toute la délicatesse dont je suis capable. Là, j'achève de le dévêtir, je retire le chemisier.

L'examen montre, comme chez Florent, une cyanose et des pétéchies pour les mêmes raisons et la corde a laissé une belle trace sur le cou, un sillon tout à fait classique des pendaisons, oblique vers l'arrière et interrompu à hauteur de la nuque. Rien que de très normal.

Le reste de mon examen montre des lésions, particulières, au nombre de cinq, en arcs de cercle, abrasives, de 2 à 7 cm de long à hauteur de la région cardiaque ainsi que deux perforations de 6 mm de diamètre à hauteur du thorax antérieur gauche.

C'est tellement particulier qu'une autopsie est requise qui confirme, par des signes internes, l'asphyxie que la cyanose et les pétéchies ont suggérée. Je m'intéresse ensuite à ces deux trous de 6 mm de diamètre. Ils présentent des bords un peu déhiscents, pas nets, entourés par ce qui peut ressembler à une collerette érosive comme je n'en ai jamais vue, très sanglante. Ils perforent la peau, pénètrent les muscles thoraciques et, tandis que l'un d'eux s'est arrêté au contact d'une côte qu'il n'a pas cassée, mais juste éraillée, l'autre est passé dans un espace intercostal et a perforé et déchiré le lobe inférieur du poumon gauche. La cavité pleurale est quasiment sèche, il n'y a pas eu de saignement un tant soit peu important, mais elle présente un pneumothorax de peu d'importance. L'air a en effet un peu pénétré par le trou qui met l'extérieur en relation avec la cavité pleurale. Bref, pas de quoi justifier un décès. L'asphyxie reste seule en cause pour l'expliquer. Et pas d'explication quant à l'origine de ces trous. Ils ne peuvent pas avoir été causés par un projectile ni par un instrument perforant classique qui ne laisse pas ce type de lésion. J'en reste là dans ma réflexion pour le moment.

Je note aussi de petites brûlures rectilignes sur la paume des deux mains qui ne m'évoquent rien de particulier et dont je fais un prélèvement pour l'observer au microscope. J'en ai fini avec l'autopsie, mais quelques questions persistent : d'où viennent ces traces de perforations thoraciques et qu'est-ce qui a bien pu produire les brûlures des paumes des mains?

La première réponse m'arrive le jour même. Alors que j'autopsie, les policiers mènent une perquisition chez Martine et, dans une armoire à vêtements, ils trouvent une boîte de mèches de foreuse, ce qui ne manque pas de les étonner, car sa place parmi les vêtements n'est guère usuelle. Ils ouvrent la boîte et remarquent qu'une des mèches porte des traces de sang.

Je n'y aurais jamais pensé. Martine a tenté de se forer le thorax, sans doute pour atteindre le cœur, mais sans succès, elle n'était pas au bon niveau et la pénétration était vraisemblablement bien trop douloureuse, surtout lorsque la mèche a touché une côte, ce qui a dû provoquer une douleur si aiguë qu'elle a cessé. D'autre part, la foreuse a glissé cinq fois sur la peau sans la pénétrer, ce qui a donné ces traces que je n'ai jamais vues auparavant et que, d'ailleurs, je ne reverrai jamais. Ce qui est également inouï, c'est qu'elle ait pensé à ranger la foreuse et à remettre la mèche en place.

La deuxième réponse me saute aux yeux lorsque je les pose sur les optiques du microscope. Les cellules cutanées que j'ai prélevées montrent un aspect typique de l'électrocution. Je me rappelle alors de petits détails que j'ai relevés sans en voir immédiatement l'implication. Il y a d'abord ces deux fils électriques dénudés proches du corps et le torchon humide sous les pieds. Martine a tenté de s'électrocuter en posant ses pieds nus sur un torchon mouillé et en saisissant les fils électriques dans ses mains. Visiblement, cela n'a pas marché, elle a sûrement fait sauter les plombs, sans plus.

Dans quel ordre a-t-elle posé ces actes? Je n'en sais rien, sinon que le dernier est évidemment la pendaison, pas besoin d'être légiste pour le déterminer.

L'imagination humaine ne connaît que peu de limites. Parmi les cas les plus étonnants qu'il m'a été donné de connaître, j'en décrirai encore trois, vraiment exceptionnels.

Un jeune homme de 20 ans, étudiant en physique, a combiné un système où il s'est pendu à une poutre du salon en même temps qu'il avait attaché des câbles électriques dénudés à ses poignets munis d'un interrupteur qu'il tenait en main. Quand il a basculé l'interrupteur, il a permis au courant électrique de passer et il s'est électrocuté, a perdu connaissance et s'est pendu. Précisons qu'il avait également trafiqué le système électrique pour que les plombs ne sautent pas.

C'est également ce qu'a fait cet étudiant en électricité qui avait aussi combiné pendaison et électrocution par un système ingénieux qui consistait à séparer les deux fils d'un câble électrique et à les rattacher chacun à une plaque métallique. Il y avait donc deux plaques métalliques, une par fil, disposées de part et d'autre de son corps, une sur le thorax à hauteur du cœur et l'autre dans le dos. Lorsque le courant électrique est passé, il a créé un choc électrique qui a pu avoir un effet négatif sur l'activité électrique cardiaque et il s'est pendu.

Et le troisième est, lui aussi, absolument exceptionnel. Il s'agissait d'un jeune homme qui souffrait malheureusement d'une maladie mentale sévère et qui avait décidé de mettre fin à ses jours, mais il souhaitait que la mort le surprenne durant son sommeil. Comme il avait appris l'électricité et qu'il savait que les hommes ont des érections nocturnes, il a fabriqué un système très ingénieux, monté sur son pénis, qui permettait que, durant son sommeil, lors d'une érection, le courant électrique passe et l'électrocute.

Je vous l'ai dit : l'imagination humaine n'a que peu de limites.

Le pendu pas pendu

En 1897, Émile Durkheim, un éminent sociologue, écrivait dans son livre *Le Suicide* que « toute société produit son contingent annuel de suicides ». Et il avait raison. D'année en année, le nombre de suicidés ne varie que fort peu, de même que la manière de se suicider. La pendaison est la manière la plus courante de se suicider chez les hommes, tandis que la prise de médicaments est plutôt l'apanage des femmes.

Tout médecin légiste est habitué à voir des suicides, c'est même son pain quotidien. Cette habitude est très importante, car plus nous en voyons, plus nous sommes à même de découvrir un meurtre déguisé en suicide, parfois à de petits détails.

Philippe et Nathalie sont mariés depuis des années et, de l'avis de leurs voisins, ils vivent un bonheur sans tache que rien ne peut perturber. Ils habitent une petite maison qui borde le canal et voient passer les péniches et autres bateaux jour après jour. Philippe aime beaucoup cette vue, elle l'apaise et le divertit. Quand il regarde les bateaux, il se donne un peu l'impression d'être une vache qui regarde passer un train, mais il s'en fout, il aime ça. Philippe travaille dans les transports en commun, à la gestion des plaintes. Toute la journée, il entend, voit et rencontre des gens qui se plaignent : mon abonnement ne passe plus, le conducteur du bus a été désagréable, il a freiné trop brusquement et m'a fait tomber, etc. Alors les bateaux, ça le calme après une telle journée de travail.

Nathalie n'est pas à la maison, ça fait quelques fois que, quand Philippe rentre, elle n'est pas là. C'est vrai qu'il est rentré plus tôt aujourd'hui, il a récupéré un peu de ses heures supplémentaires. Puisque le patron ne veut pas les payer, Philippe compense en travaillant moins longtemps. La maison est propre, le frigo est plein. Visiblement, Nathalie a déjà fait les courses. Nathalie est comptable, elle travaille pour une petite boîte qui a grandi trop vite, victime de son succès. Du coup, sa société permet le travail à domicile certains jours de la semaine, parce qu'elle n'a pas assez de bureaux et ne compte pas investir tout de suite dans des agrandissements. Le patron veut d'abord vérifier que ce succès ne va pas s'épuiser et retomber comme un soufflé.

Nathalie rentre, surprise de voir Philippe déjà assis sur la terrasse à regarder les bateaux, un verre de vin rouge à la main, comme tous les jours. Elle s'est faite toute jolie. Étrange, pour travailler à la maison, mais bon, elle est coquette et Philippe, cela lui plaît bien. Depuis sa terrasse, Philippe voit ses voisins rentrer, il leur fait signe et ils lui répondent. C'est la dernière fois que les voisins voient Philippe vivant.

À présent, Philippe est mort. Nathalie l'a découvert en se levant le matin et a aussitôt prévenu les secours qui, arrivés sur place, ont constaté qu'il était rigide et qu'il présentait tous les signes de la mort. Comme ils en ont le devoir, ils n'ont touché à rien et l'ont laissé pendu.

À partir du moment où il n'y a plus rien à faire pour la victime, il ne faut surtout plus rien faire. Combien de fois n'ai-je pas vu des scènes de crime complètement ravagées par l'intervention des services de secours ? Qu'on s'entende bien, je n'ai aucun souci avec les soins qu'il faut nécessairement apporter à une personne vivante ou qui a une chance de pouvoir être réanimée, mais à quoi sert-il d'aller poser des électrodes en soulevant les vêtements d'une victime d'un tir par arme de chasse qui lui a emporté le cerveau à plus de deux mètres ? Personne ne vit sans cerveau. À l'évidence, il faut croire que, pour certains, ce n'est pas clair.

Ou cet intervenant qui n'a rien trouvé de mieux, sur une scène de crime par arme à feu, que de ramasser toutes les douilles avec ses grosses mains pleines de doigts. C'était foutu, tant pour les empreintes digitales qui auraient pu se trouver sur les douilles que pour la position du tireur que les douilles auraient peut-être permis de matérialiser par leur position au sol.

« Allô, Docteur? J'ai un pendu pour vous. Rien de spécial, vous savez, mais par acquit de conscience, j'aimerais que vous y alliez voir. » C'est plus que par acquit de conscience, car, à l'époque, il y avait une directive du Parquet qui imposait que tous les suicidés soient vus par un médecin légiste, même s'il n'y avait rien de spécial. C'est vrai que l'on voit beaucoup de suicidés « pour rien », mais ce n'est, en fait, jamais pour rien. Les examiner poursuit un double but, d'une part éviter qu'un meurtre passe inaperçu, et d'autre part rassurer les proches quant à la cause du décès. Très souvent, les proches ne peuvent se résoudre au suicide de leur parent, ils ont besoin d'être rassurés et nous sommes là pour ça aussi.

Arrivé sur place, j'admire la superbe vue sur le canal bordé d'arbres. Puis je découvre la maison, très bien tenue, et je descends à la cave où se trouve le corps de Philippe. Philippe est en pendaison incomplète, ça signifie qu'une partie du corps touche encore le sol ou un objet d'appui. Dans le cas de Philippe, les pieds touchent par terre et ses genoux sont fléchis.

La pendaison incomplète est rencontrée dans plus de 90 % des cas de suicide. Pour tout un chacun, cela paraît incompréhensible. Il existe quand même un instinct de survie. Quand on se sent partir, il suffit d'appuyer sur ses jambes et on est sauvé. C'est vrai, mais pas tout à fait. Quand le cerveau est privé d'oxygène à cause de l'arrêt circulatoire provoqué par la pression de la corde à hauteur du cou et donc des artères carotides qui amènent le sang depuis l'aorte vers le cerveau, les diverses zones cérébrales s'arrêtent progressivement de fonctionner. Ainsi, la personne reste consciente alors qu'elle n'est plus capable de bouger. Ça ne dure pas longtemps, mais il suffit d'avoir attendu d'en être à ce moment-là pour que le retour en arrière ne soit plus possible.

À l'IML, nous avons une cassette vidéo – pour les plus jeunes, c'est l'ancêtre du DVD – qui montre un homme qui se filme en train de se pendre. Il réalise une pendaison érotique, un fantasme qui associe plaisir sexuel et pendaison. Notre homme va un peu plus loin puisque, en plus, il porte un slip de femme dans lequel il glisse des roses avec épines et il se filme. Dans la caravane du fond du jardin de son habitation où il réalise ce fantasme, on a trouvé de nombreuses cassettes vidéo qui le montrent dans des scènes similaires de pendaison érotique. Mais cette fois-ci, il s'est raté et s'est pendu. En fait, il avait placé sa corde entre le fauteuil sur lequel il était assis et la cloison de la caravane et s'était progressivement laissé glisser pour augmenter la pression de la corde au niveau du cou. À un moment donné, on voit, sur la cassette vidéo, qu'il est allé trop loin. Il ne peut plus se ravoir, son regard est paniqué. Il ne peut plus bouger. Il meurt en direct sur la cassette vidéo en pendaison incomplète.

C'est ce qui arrive la plupart du temps, ils vont trop loin et même si l'envie de ne pas mourir les prend, ils ne peuvent plus faire marche arrière. Cette façon de se suicider est connue depuis très longtemps. Ainsi, Paul Brouardel (1837-1906), médecin légiste français de tout premier plan, le signale déjà en 1897 dans son ouvrage sur la pendaison. Il y décrit, sous forme de dessins, toutes sortes de positions parfois farfelues de pendaisons incomplètes. Ceux-là meurent par anoxie cérébrale, c'est-à-dire par carence d'oxygène au cerveau.

C'est ainsi que je découvre Philippe. Après un examen du corps dans cette position, je le déshabille. C'est toujours plus simple à réaliser quand ils sont pendus que quand ils sont au sol. Je l'examine et ne vois rien de suspect. Il présente tous les signes de l'asphyxie, nul doute donc que son décès a été causé par une asphyxie : cyanose et pétéchies.

La cyanose, c'est une coloration bleutée du visage et du haut du thorax, témoin d'un excès de CO2 dans le sang, ce qui arrive quand on est privé d'oxygène comme dans la pendaison notamment, tandis que les pétéchies, ce sont de petits points rouges qui apparaissent essentiellement à hauteur des yeux et de leurs conjonctives, qui témoignent d'une augmentation de la pression veineuse susceptible de faire péter de toutes petites veines dans ces zones de moindre résistance des vaisseaux sanguins. Les pétéchies apparaissent aussi chez les vivants dans des efforts de vomissement, de défécation en cas de constipation, de poussée lors de l'accouchement, ou chez les enfants qui font des crises de nerfs ou de pleurs. Ce n'est donc pas un signe typique de la pendaison, mais il contribue au diagnostic sans en être spécifique.

Je le dépends alors et le couche au sol. C'est le moment périlleux, celui où on coupe la corde, car le corps se laisse aller et il faut le retenir pour éviter de voir apparaître d'autres lésions... de chute. Ce n'est pas facile, car Philippe est une pièce d'homme de 1,80 mètre pour 130 kg. Puis je retire la corde et les vêtements supérieurs, ce que je n'ai pu faire en position de pendaison, vu la présence de la corde. C'est le moment le plus important de l'examen, celui de la trace du lien, du sillon de pendaison.

D'habitude, les sillons de pendaison sont obliques vers le haut et l'arrière, car il n'existe que fort peu de pendaisons à l'horizontale et ils sont alors incomplets, c'est-à-dire que la corde réalise une anse de seau qui fait pression sur les parties antérieure et latérales du cou sans atteindre la région de la nuque.

C'est le cas chez Philippe et toutes ces lésions sont vitales, c'est-à-dire qu'elles ont été produites du vivant de la victime. Cela signifie que Philippe était bien vivant au moment de la pendaison. Mais il y a un problème : le sillon est bien plus large que la corde en régions latérales du cou, comme si la corde avait glissé de bas en haut lors de la pendaison. Or, je n'ai jamais observé cela en pendaison incomplète, mais uniquement en pendaison complète.

Les pendaisons complètes, les pieds ne touchant pas par terre, sont plutôt rares puisqu'elles touchent moins de 10 % des cas que nous relevons. Ceux-là peuvent mourir également par fracture de la colonne cervicale et section/compression de la moelle épinière. Dans la colonne vertébrale passe la moelle épinière qui constitue le lien principal entre le cerveau et le reste de l'organisme. Lorsque ce lien est rompu, les informations ne passent plus à différents niveaux du corps selon l'endroit où la lésion est survenue. Par exemple, une section lombaire entraînera une paraplégie, c'est-à-dire une perte de mobilité des membres inférieurs, tandis qu'une section cervicale entraînera une quadriplégie, c'est-à-dire une perte de capacité à mobiliser les quatre membres. Si la colonne cervicale est sectionnée dans sa partie haute, la mort est immédiate.

C'est ainsi que les Anglo-Saxons pratiquaient la pendaison comme décision de justice. Le condamné à mort par pendaison était attaché à la corde au-dessus d'une trappe et un poids était attaché à ses pieds. Lorsque la trappe s'ouvrait, la corde exerçait une tension qui, vu le poids du corps additionné du poids de charge, brisait net la colonne et la moelle, ce qui entraînait un décès immédiat. Or, dans le cas de Philippe, il ne s'agit pas d'une pendaison complète, c'est certain. Donc, il va falloir trouver une autre raison.

La corde est passée par-dessus un tuyau de chauffage d'un bon diamètre recouvert de plâtre et d'amiante pour limiter la déperdition de chaleur. À l'examen du tuyau, je remarque que le recouvrement en plâtre a disparu sur une bonne profondeur. Il n'a pas été comprimé comme on le voit souvent mais arraché, il n'est plus là. À l'examen de la corde, je retrouve des traces de ce plâtre, il se trouve sur une bonne partie de la longueur de la corde. Philippe a été hissé. Il a été attaché par le cou à la corde qui a été passée par-dessus le tuyau puis il a été hissé en pendaison incomplète. Ce scénario permet de comprendre pourquoi le sillon est si large en parties latérales du cou, c'est dû au frottement de la corde qui a glissé sur le cou lors du hissage et qui permet de comprendre également qu'il manque du plâtre sur le tuyau de chauffage puisque la corde a frotté de manière fort importante, vu le poids de Philippe. Je suis donc face à un meurtre et, vu les circonstances, le principal suspect ne peut être que Nathalie, mais Nathalie ne pèse que 60 kg tandis que Philippe en pèse 130. Impossible pour elle de l'avoir hissé seule, elle a dû recevoir de l'aide.

Prévenu par mes soins, le procureur saisit le juge d'instruction et la police judiciaire et tout ce beau monde débarque dans l'heure. Nathalie comprend que cela ne se passe pas comme elle l'aurait voulu dès avant que l'arrivée de tout ce petit monde, car la tension a monté suite à mes constatations et les policiers se sont montrés tout à coup moins empathiques avec elle. D'autre part, leur chef qui est parti sans m'attendre et qui l'a saluée lors de son départ est revenu, ce qui n'est pas normal.

En attendant l'arrivée des troupes, j'examine le nœud. En fait, quand nous coupons une corde pour dépendre une victime, nous le faisons toujours à distance du nœud pour pouvoir le conserver. Et ce nœud-là est très spécial, je n'en ai jamais vu de pareil. J'ai toujours été très mauvais en nœuds. Déjà, aux scouts, c'était ma bête noire, je n'ai jamais su faire un nœud correctement et ça m'a toujours passablement énervé, ces moyens mnémotechniques : tu entres dans le puits, tu sors du puits, etc.

Avec la permission du juge, j'envoie la photo du nœud par WhatsApp à un ami qui s'y connaît bien, car il fait du bateau. Il me répond tout de suite qu'il s'agit d'un nœud, dont j'ai oublié le nom, qui sert en batellerie. Or, Philippe ne faisait pas de bateau. Il aimait, certes, les regarder passer, mais il n'en avait aucune expérience. Il ne peut donc raisonnablement avoir fait ce nœud.

Je réalise l'autopsie qui confirme que Philippe était bien vivant au moment de la pendaison et qui montre qu'il venait de manger lorsque les faits se sont produits, vu que le bol alimentaire est toujours dans l'estomac, fort peu digéré, à tel point qu'on peut, sans risque de se tromper, donner le menu de ce repas. De plus, l'autopsie montre qu'aucune autre violence n'a été exercée ; en particulier, il n'a pas été assommé aux fins de le pendre. Cependant, il est certain qu'il était inconscient au moment de la pendaison puisqu'il a fallu le hisser. Seule solution, il a été endormi. Je prélève du sang, de l'urine, du foie, du rein et le contenu de l'estomac que j'envoie au laboratoire de toxicologie pour analyses. En salle d'autopsie, j'analyse l'urine au moyen d'un système immuno-enzymologique qui permet de montrer la présence de benzodiazépines, un somnifère, mais pas d'en connaître le dosage. Il faut attendre le retour de toxicologie qui confirme la présence d'un somnifère, le Lormetazepam, à une dose très importante, largement suffisante pour endormir un homme du poids de Philippe. Comme on en a trouvé dans le contenu stomacal, il est facile de conclure que c'est par le repas que Philippe a reçu les benzodiazépines.

Je peux donc conclure, sans attendre les résultats de l'enquête, que Philippe a été endormi aux benzodiazépines lors de son repas, qu'il a été transporté sans le blesser à la cave où sa tête a été placée dans l'anse de seau d'une corde, laquelle a été passée au-dessus d'un tuyau de chauffage sur lequel elle a frotté lorsque Philippe a été hissé, ce qui a également laissé des traces de frottement sur le cou. Vu les circonstances, Nathalie a nécessairement fait le coup, mais elle a dû être aidée pour soulever, porter et hisser le corps de Philippe par une personne qui s'y connaît en batellerie. Et le canal est juste en face avec ses péniches...

L'enquête ne tarde pas à montrer que Nathalie a un amant, un pénichier, qui l'a aidée à se débarrasser de son mari. Mobile classique, banal, qui partage la vedette avec le mobile financier. « Le cul et les écus », comme le formule si bien cette maxime dont plus personne ne semble savoir de qui elle est tant elle est ancienne et connue.

Philippe n'est pas un cas unique, il faut juste se donner les moyens de les trouver et ne pas limiter l'action du médecin légiste aux cas franchement suspects. Sans l'intervention d'un médecin légiste, ce cas passait à la trappe.

Des pendus, j'en ai vu de toutes les sortes. Il y a ceux qui se pendent en délivrant un message, tel ce jeune homme qui s'est pendu habillé en femme à son balcon qui donnait sur la rue, à la vue de tous les passants, livrant le message selon lequel sa famille l'avait contraint à cacher sa véritable identité, à refouler qui et ce qu'il était. Elle l'avait même contraint à des soins psychiques, l'estimant fou, refusant de lui reconnaître le droit d'être différent.

Il y a aussi ce jeune homme qui s'est pendu dans l'habitation qu'il venait d'acheter avec celle qui devait devenir sa femme. Il savait à quelle heure elle rentrerait et il avait préparé à manger. La table était prête, le repas finissait de cuire quand elle est arrivée. Elle l'a trouvé pendu à la mezzanine, le corps juste à côté de la table. Le message n'était pas clair pour nous, mais nul doute qu'il l'a été pour elle.

Il y a tous les jours des suicides de gens malheureux de vivre. Parmi eux, il y a les organisés, qui ont tout prévu. Les documents sont là, sur la table, le testament, les papiers de la maison, le contrat de décès pour les funérailles qui sont déjà payées. C'est toujours impressionnant de découvrir une telle détermination. J'en ai même connu un qui s'était fait livrer des fleurs après son décès pour être certain que sa tombe soit fleurie.

Il y a ceux qui s'excusent de causer du mal aux proches, mais qui estiment que la vie n'est plus possible tant elle leur occasionne de souffrances.

Il y a aussi le raptus anxieux, soit une attaque de panique et une envie de fuir le plus vite possible. Les personnes se suicident de manière inopinée, non préparée et brutale, sans laisser de message, parfois lors d'un réveil nocturne, souvent par pendaison, par défenestration ou par arme à feu.

Il y a aussi les maladroits. Ainsi cet homme qui avait prévu de mourir à la fois pendu et d'une balle dans le crâne. Il habitait un building d'une dizaine d'étages et avait choisi sa terrasse pour se pendre. Pour atteindre le plafond de sa terrasse, il était monté sur une chaise, avait fixé la corde au plafond, mais elle était un peu courte et nécessitait qu'il reste sur la chaise pour se pendre. Il avait sorti sa carabine 22LR (calibre de munition de près de 6 mm de diamètre), se l'était mise en bouche et avait tiré.

Malheureusement pour lui, ses bras étaient un peu courts pour atteindre la détente et il avait dû mettre son arme de biais. Dans cette position, la balle n'a jamais traversé le crâne, mais bien la joue gauche, pile face à la corde qu'elle a sectionnée. Déséquilibré, cet homme est tombé du haut de sa chaise, tête première au sol que sa tête a violemment percuté, occasionnant une fracture du crâne dont il est décédé.

L'insert

Il est 22 heures quand s'ouvre la porte du commissariat central de police, laissant passer un individu un peu hirsute muni d'une petite valise. C'est Marius. Marius n'est pas très propre, il a pourtant mis ses plus beaux vêtements, son plus beau training, le blanc avec des lignes bleues. Mais Marius ne prend plus guère soin de lui depuis qu'il a sombré dans la toxicomanie il y a plus de vingt ans. Il s'avance vers le guichet où l'attend le planton. « C'est quoi encore, ce machin-là ? » se demande celui-ci, peu enclin à la bienveillance, vu la dégaine de l'homme.

« Voilà, je viens parce que j'ai tué ma femme.

— Ah ah, et elle est où, votre femme ?

— Je l'ai brûlée.

— Oh ! Et vous l'avez brûlée où, votre femme ? Dans le jardin, il y a deux ans. »

« Un fou, c'est un fou, se dit le planton. On ne va pas emmerder tout le monde à une heure pareille. Si je réveille le commissaire de garde pour ça, je vais encore me faire engueuler. »

« Écoutez, aujourd'hui, il n'y a plus personne, revenez demain matin, on vous recevra.

— Ah bon, ben ça va ! »

Marius quitte le commissariat un peu vexé, car il sent bien que le policier ne l'a pas cru et l'a pris pour un crétin. Marius décide de traverser la ville, à pied, pour se rendre à la gendarmerie. C'est long, surtout quand on porte une valise, mais rien ne l'arrête, Marius a décidé qu'il passerait aux aveux et il finira bien par trouver quelqu'un pour les recevoir.

Arrivé à la gendarmerie, c'est un autre style, il faut passer deux portes qui se ferment automatiquement à clé derrière soi puis le planton est là, debout derrière le comptoir, qui le salue :

« Bonsoir, Monsieur, que puis-je pour vous ? » Marius est impressionné par l'accueil tellement différent.

« Voilà, j'ai tué ma femme il y a deux ans, je l'ai brûlée dans le jardin.

— Vivante ?

— Non, non, je l'avais étranglée avant.

— Ah, bon ! Installez-vous, Monsieur, on va venir vous chercher pour une audition. » Et Marius s'assied.

Cinq minutes se sont à peine écoulées qu'un autre gendarme se présente : « Bonjour, Monsieur, je suis chargé de vous entendre par rapport au décès de votre épouse, pourriez-vous me suivre ? » et Marius se lève pour se rendre à l'audition la plus importante de sa vie. Ce n'est plus une audition, c'est un acte d'expiation. Marius explique tout, ne laisse aucun détail de côté, répond à toutes les questions du gendarme qui l'interroge avec beaucoup de gentillesse. Son audition s'achève à 5 heures du matin. Il a tout dit, il se sent mieux et arbore un vrai sourire. Le gendarme contacte le magistrat de garde.

« Allô, Philippe ? Tu dormais ? »

Il est 5 heures 30 du matin, tu penses si je dormais ! Il est vrai que, quand on est de garde, le sommeil n'est pas profond, car, sachant que l'on peut être réveillé, on dort d'un « sommeil alerte ». Le magistrat me raconte toute l'affaire. Marius a utilisé quasiment tous les meubles de sa maison pour brûler sa femme dans son jardin. Selon Marius, les voisins n'ont rien remarqué dans ce quartier très délabré où existent de très nombreux squats. Quant à sa femme, c'était une toxicomane profonde, comme lui.

« Est-ce qu'on peut faire disparaître un corps en le brûlant ?

— Bien sûr, ce n'est pas très facile, mais on peut. »

La discussion s'engage sur les moyens nécessaires, si on peut le faire avec des meubles de maison, quelle quantité de bois il faut, etc. Toutes questions pratiques auxquelles je n'ai – à l'époque – pas de réponse.

À l'époque, il n'y a aucune littérature sur les restes humains carbonisés ni aucune formation spécifique en la matière. Depuis lors, toute une littérature médico-légale s'est développée et j'ai suivi, avec d'autres légistes du pays, une formation sur les restes humains carbonisés avec le professeur Maat de l'Université de Leiden. L'Université de Leiden possède la plus riche collection de restes de tombes romaines. Les Romains se faisaient incinérer, leurs cendres étaient collectées et placées dans des urnes funéraires dont l'Université a hérité. Il y en a plusieurs centaines et le professeur Maat en est le gardien. Il en a fait un sujet d'études et de publications et reçoit des médecins légistes et des anthropologues forensiques en formation.

Au moment où Marius vient se confesser, je n'ai pas encore reçu cette formation, qui n'existe d'ailleurs pas encore. L'enquête se poursuit. Plus aucune trace de Nadine depuis cinq ans. En effet, elle n'apparaissait plus sur aucun radar. Elle était sortie de la vie sociale, n'appartenant plus à aucun système : chômage, CPAS, mutuelle, Vierge Noire... C'est souvent ce qui arrive avec les toxicomanes qui n'émargent à aucun système social et dont personne ne s'inquiète, surtout lorsqu'ils n'ont pas de famille... Nadine avait encore une grand-mère maternelle, Marguerite, impotente et souffrant de la maladie d'Alzheimer, ce qui ne facilitait pas le contact. Elle n'avait pas de voiture, pas de carte de banque, son GSM était perdu depuis longtemps, bref, aucun moyen de la retrouver. Le Parquet se trouvait dans une situation difficile, car rien ne prouvait ni que Nadine vivait encore, ni que Nadine était décédée.

Marius est mis en prison où il se sent bien, il a à manger tous les jours, il fait bon, il s'est fait des copains, toxicomanes comme lui, et il n'a aucune envie d'en sortir. Sa crainte est même, lorsqu'il passe en chambre du conseil chaque mois, d'être remis en liberté. Mais ce n'est pas une raison pour le garder en prison sans motif valable et la chambre du conseil signifie que, si le Parquet n'amène pas d'éléments probants, Marius sera libéré dans un mois. Le Parquet saisit un juge d'instruction.

Aussitôt saisi, le magistrat instructeur me contacte et, après une brève discussion, il est décidé que je participerai à l'interrogatoire de Marius, prévu deux jours plus tard. Je me réjouis de le rencontrer, car j'ai beaucoup de questions à lui poser.

Marius et Nadine se sont violemment disputés et, sous l'emprise de la cocaïne, Marius a étranglé Nadine. Le lendemain, il a décidé de se débarrasser du corps en le brûlant dans le jardin. Il a attendu qu'il fasse nuit puis a préparé un feu en rassemblant tout le bois qu'il pouvait trouver et a déposé le corps de Nadine, enveloppé dans un drap de lit, sur ce tas de bois. Il y a versé un bidon d'essence, soit 5 litres, et a mis le feu. Marius était étonné que ça brûle si mal, un corps, il a dû remettre beaucoup de bois et a, pour ce faire, sacrifié de nombreux meubles de la maison : deux tables de nuit, une commode, un vaisselier, une table de salon, un buffet et quatre chaises. À 6 heures du matin, il restait encore de gros fragments d'os et le crâne qu'il a détruit à coups de marteau puis il a tout ramassé et jeté à la poubelle.

Si Marius a nettoyé le jardin correctement et vu le temps passé, il ne doit plus rien rester, mais il vaut mieux le vérifier. Appel est fait au DVI pour fouiller le jardin à la recherche des restes de Nadine. Il s'agit d'un petit jardin de ville de 15 m². Je me rends sur place avec le DVI et nous cherchons des restes qui seraient en surface, sans rien trouver. Le DVI propose de tamiser la terre sur une bonne profondeur, ce qui permet de découvrir une dent humaine, mais aucune trace de fragments osseux. La dent est confiée à un dentiste expert, Eddy, qui parvient à extraire la pulpe pour réaliser une analyse ADN qui donne un code génétique. Il faut vérifier si c'est celui de Nadine, mais il n'existe plus aucun objet lui ayant appartenu, Marius s'est débarrassé du peu qu'elle possédait. Reste la possibilité de comparer l'ADN de Nadine avec celui des membres de la famille dont Nadine doit avoir une partie du code génétique ; malheureusement, il ne persiste que Marguerite, la grand-mère maternelle, et vu l'éloignement entre une grand-mère et sa petite-fille, mais aussi vu qu'il n'y a plus qu'un seul parent pour faire la comparaison, on ne pourra avancer qu'une faible probabilité, ce qui sera déjà mieux que rien. La comparaison montre que la dent appartient peut-être à un membre de la famille de Marguerite. On avance enfin.

Reste à vérifier si Marius a dit la vérité quant à l'incinération de Nadine. Nadine, en bonne toxicomane, devait perdre toutes ses dents, c'est un effet bien connu de l'héroïne. Elle aurait donc bien pu perdre une dent dans le jardin sans passer par une incinération. Je demande donc au service de dons de corps s'il dispose d'un corps féminin d'environ 60 kg d'une donneuse qui aurait décidé de se faire incinérer après que son corps aurait servi à la science. La réponse est positive et un corps m'est confié. Pour vérifier si les dires de Marius sont vrais, j'ai décidé de brûler un corps féminin du même poids, ou presque puisqu'on ne connaît qu'une évaluation de son poids par Marius. Malheureusement, je ne recevrai jamais les autorisations nécessaires.

Marius est jugé en cour d'assises et est très heureux d'être reconnu coupable. Il a dit à son avocat, commis d'office, qu'il ne voulait pas qu'il le défende. L'avocat a obéi. Marius est condamné à quinze ans de prison.

Quelques années plus tard, je fréquenterai les cours du professeur Maat, et heureusement, car je vais en avoir bien besoin.

Jean-François n'a plus donné signe de vie depuis plusieurs jours et son patron s'inquiète. Il l'a appelé de nombreuses fois sans jamais obtenir de réponse, le portable a d'abord sonné jusqu'à ce qu'il tombe directement sur la messagerie : « Je ne suis pas disponible pour le moment, laissez-moi votre numéro de téléphone et je vous rappellerai. » Jean-François n'a jamais rappelé, ce qui est très étrange, car ce n'est pas son genre du tout. Comme Jean-François vit seul depuis sa séparation, le patron téléphone à la police, au cas où il lui serait arrivé quelque chose. La police n'est au courant de rien, mais considère qu'il s'agit d'une « disparition inquiétante » et lance les recherches. Après s'être rendus au domicile de Jean-François et avoir trouvé porte close, les policiers font ouvrir son appartement par la concierge qui a le double des clés : pas de trace de Jean-François. Ses papiers ne sont pas là, pas plus que ses clés de voiture, ni d'ailleurs sa voiture, qui n'est pas dans son garage. Ils préviennent le commissaire qui prévient le Parquet qui met le dossier à l'instruction. Des devoirs sont ordonnés qui passent d'abord par la recherche des mouvements sur la carte de crédit, sur le téléphone portable et sur le tracker GPS de la voiture. Les résultats ne se font pas attendre. La carte de crédit n'affiche plus aucune activité depuis trois jours, le téléphone portable est éteint et n'est plus localisable, mais on sait qu'il a borné une dernière fois dans un quartier de la ville près de chez son épouse dont il est séparé depuis trois mois par décision de justice. Quant au tracker GPS de la voiture, il permet de dire qu'elle est stationnée... devant chez son ex-épouse.

« Bonjour, Madame, c'est la police. » Cette manière de se présenter m'a toujours amusé. Ils arrivent en uniforme et signalent qu'ils sont de la police au cas où on les prendrait pour des clowns, je suppose. Laurence, qui a ouvert, n'est pas vraiment surprise de les voir là puisque la voiture de son mari est devant sa porte. Elle aurait bien voulu la déplacer, mais la voiture est en panne. « Pouvons-nous entrer ? C'est au sujet de votre ex-mari. » Interrogée, Laurence passe aux aveux et avoue avoir tué Jean-François. Elle l'a tué puis brûlé dans son insert. Il s'agit d'une cassette à bois qui se trouve dans le salon, insérée dans la maçonnerie du mur de la cheminée. Les policiers sont incrédules : « Comment peut-on brûler un homme dans une cassette à bois ? C'est impossible. » La juge d'instruction demande à un expert psychiatre de rencontrer Laurence, de l'examiner et de lui rendre avis. La conclusion de l'expert psychiatre est formelle : Laurence fabule. La juge d'instruction reste néanmoins avec un sacré problème sur les bras. Jean-François a disparu et l'absence de mouvements sur sa carte de crédit et l'inactivité de son portable qui perdure n'est pas de nature à laisser penser qu'il vit quelque part. Au contraire, tout porte à croire qu'il est mort. Et d'ailleurs, Laurence ne cesse plus d'affirmer qu'elle l'a tué, mais ses déclarations laissent les enquêteurs perplexes. Pour tenter d'y voir plus clair, la juge d'instruction décide de faire une reconstitution à laquelle elle m'invite à participer, ainsi que le psychiatre qui l'a décrite comme une affabulatrice. Je m'y rends un peu perplexe, car je ne vois pas bien ce que je vais pouvoir apporter, puisqu'il n'y a pas de corps.

C'est un très beau quartier de la ville, une très jolie maison fort bien tenue, ce qui me change considérablement des endroits où les magistrats m'envoient d'habitude. La reconstitution démarre dans une pièce où Laurence décrit que la dispute a commencé, plutôt violente, car Jean-François a frappé Laurence en découvrant qu'elle avait un amant alors qu'ils n'étaient séparés que depuis trois mois. Jean-François ne voulait pas de cette séparation, c'est pourquoi Laurence avait introduit une action en justice pour obtenir une décision de séparation qui chasserait son mari de la maison, ce qui a été fait. Des coups ont donc été échangés dans cette pièce puis la dispute s'est poursuivie un étage plus bas, dans la cuisine, où, excédée et craignant pour sa vie en raison de la violence des coups, Laurence a saisi une hache qui s'y trouvait et a frappé Jean-François à la tête puis au thorax. Il s'est écroulé et a rapidement cessé de respirer, libérant tant par la tête que par le thorax un véritable flot de sang. À entendre Laurence, c'est la mer Rouge qui a débarqué dans sa cuisine.

Remise de ses émotions, Laurence s'est demandé que faire du corps. C'était une bonne question. Elle ne voulait pas se dénoncer à la police pour pouvoir continuer à s'occuper des enfants dont elle venait de tuer le père. C'était déjà assez qu'ils aient perdu leur père, pensait-elle. Sa décision était prise, elle ne se dénoncerait donc pas. Dans ce cas-là, il fallait se débarrasser du corps, c'était une évidence, mais la manière de s'en débarrasser l'était déjà moins. Comment faire ? Laurence avait travaillé en boucherie et elle savait débiter des cochons. Il lui semblait que débiter un homme ne devait pas être beaucoup plus compliqué. Avec la hache, elle a donc débité le corps de Jean-François en morceaux qu'elle a mis dans des « sacs fraîcheur » destinés à la réfrigération, qu'elle a déposés dans l'un des congélateurs du garage. Au fur et à mesure des révélations de Laurence qui parle comme si tout cela était naturel, le doute et la perplexité envahissent chacun, y compris les enquêteurs qui, pourtant, ont déjà vu passer des criminels de toutes sortes.

Laurence nous conduit au réfrigérateur en nous précisant qu'elle l'a nettoyé parce qu'il y avait quand même un peu de sang qui avait coulé. C'est un réfrigérateur très récent de type buffet. À l'examen visuel, on n'y voit pas de sang, mais il vaut mieux vérifier. Le luminol[3] est inutilisable dans ce réfrigérateur, car le luminol signale, en fait, la présence de fer comme il y en a dans l'hémoglobine, laquelle est la protéine constitutive des globules rouges du sang, mais le métal est aussi la matière qui constitue la cuve du réfrigérateur. Nous faisons des prélèvements à l'aveugle, avec des écouvillons, de tout l'intérieur de la cuve du réfrigérateur et de ses interstices.

Le corps avait donc disparu lorsque les enfants sont revenus de l'école et Laurence avait eu le temps de nettoyer la cuisine à l'eau de javel pour éliminer les odeurs. Les enfants ont vu la voiture de leur père devant la maison et ont été déçus de ne pas le trouver. Laurence leur a expliqué qu'il était venu pour régler quelques détails puis que sa voiture n'avait plus démarré et qu'un ami était venu le chercher. Les enfants ont alors fait leurs devoirs. Le soir, ils ont mangé dans la cuisine puis ils ont regardé la télévision jusqu'à 20 heures avant d'aller au lit. Laurence a allumé la cassette à bois et a fait du feu comme tous les soirs de cet hiver qui s'éternisait.

L'insert fonctionnait très bien et faisait même de très belles flammes. C'est alors qu'elle a eu l'idée d'y faire disparaître son

3 Il s'agit d'une substance chimique qui devient bleue en présence de fer. C'est d'ailleurs ce que l'on appelle une chimiluminescence.

mari. Elle a attendu que les enfants soient couchés puis elle a mis un morceau de son mari dans son emballage plastique au feu où il s'est entièrement consumé en à peine deux heures. Elle avait trouvé la solution pour faire disparaître le corps plutôt que de le mettre à la poubelle, son autre option, où on risquait toujours de trouver l'un ou l'autre morceau. Jean-François y passerait bien, à la poubelle, mais en cendres, ce qui n'attirerait l'attention de personne. En quelques jours, en deux heures chaque soir, tout Jean-François a été brûlé par petits morceaux, dans de petits sachets en plastique.

À ce stade de la reconstitution, nous sommes devant la cassette à bois, un peu abasourdis, plus par la manière très détachée dont Laurence raconte la mort puis la destruction du corps de son mari que par les faits eux-mêmes. La juge d'instruction se tourne vers moi :

« Docteur, auriez-vous des questions à poser à Madame ?

— Bien sûr, juste quelques questions. » Fort de ma formation en « *cremated remains* » (restes brûlés) avec le professeur Maat, je sais ce que Laurence doit nécessairement avoir trouvé comme restes de son mari une fois les os et les chairs consumés. En effet, outre des cendres, il reste toujours quelque chose, car un corps ne brûle quasiment jamais complètement, à moins de pouvoir dégager une énergie que la cassette à bois ne peut fournir. Et Laurence répond à chacune de mes questions très précisément et surtout très justement. Depuis la couleur des os qui dépend de la température de chauffe jusqu'à la description des morceaux qui restaient, rien ne manque, tout est juste. Laurence ne ment pas, elle n'affabule pas.

Quant aux cendres, elle les a éliminées, aspirées au moyen d'un petit aspirateur pour cassette à pellets. Comme l'aspirateur n'a plus servi depuis lors, il est saisi et adressé à un laboratoire spécialisé qui peut démontrer qu'il s'agit bien de cendres humaines, ce qui constitue la seule chose que l'on peut démontrer à l'étude de cendres.

L'enquête se poursuit. On passe la cuisine au luminol et on trouve des traces de sang qui sont prélevées pour analyse ADN. Le labo se rend à l'appartement de Jean-François pour y prélever des cheveux sur sa brosse à cheveux de manière à comparer son ADN à celui trouvé dans la cuisine et dans le réfrigérateur. Les prélèvements réalisés dans le réfrigérateur montrent effectivement la présence de sang qui fournit un ADN exploitable. Tout concorde, c'est bien le sang de Jean-François.

« Dites-moi, Madame, y a-t-il une partie qui a été plus difficile à brûler ? » lui demandé-je lors de la reconstitution. « Oh oui, Docteur, la tête, j'ai dû la remettre à quatre reprises. »

Sacrée Laurence.

Des balles et la volonté de mourir

Nombreux sont les films de « pan pan » où l'on voit le héros armé d'un pistolet ou d'un revolver parfois de petit calibre qui tire sur une victime, laquelle est projetée en arrière comme si elle était renversée par un quatre tonnes, avec des jets de sang qui feraient croire que notre corps ne contient que du sang.

Même si j'adore regarder ce type de films pour me détendre, la réalité est bien différente.

« Allô, Docteur ? Pourriez-vous vous rendre à… pour un monsieur qui s'est suicidé, le suicide ne fait guère de doute et pourtant je ne suis pas rassuré. J'ai déjà envoyé le labo et l'expert en balistique. »

L'expert en balistique est un ancien policier de la Ville de Liège, Jean Jamar, et nous nous donnons rendez-vous pour faire la route ensemble. Jean est un vieux Liégeois qui a fait toute sa carrière dans la police, qui a toujours été très intéressé par les armes à feu et qui a développé une vraie connaissance de la matière, à tel point qu'il a été reconnu expert en balistique par le Parquet. À l'époque, il n'existe aucune formation spécifique et c'est sur le tas que les experts se forment. J'ai bien peur que ce soit encore le cas aujourd'hui.

Pour tous les nouveaux, Jean est impressionnant : par son physique, il prend de la place ; par son regard et l'expression de son visage, il a l'air d'un méchant. La première fois que je l'ai rencontré, j'étais stagiaire en médecine légale et pas encore convaincu du tout que cela deviendrait ma spécialité. Un homme avait tiré sur un autre dans un café de Herstal parce qu'il avait marché sur la queue de son chien sans s'excuser. Jean avait simplement regardé l'arme et avait affirmé que ce monsieur la portait très régulièrement, contrairement à ce qu'il affirmait, à cause d'une fine couche de poussière qui recouvrait l'arme. Il m'avait impressionné.

Plus tard, il est devenu un ami après que j'aie été baptisé par ses soins. Un baptême dont je me souviens encore, même s'il ne portait pas ce nom. En fait, Jean nous invitait chez lui, nous faisait goûter à quelques alcools de derrière les fagots et nous mettait la cuite de notre vie. Aux yeux de la PJ, du labo et des policiers, nous étions alors baptisés. C'est encore notre Jean qui arrivait en salle d'autopsie avec trois bouteilles en plastique transparent, une qui contenait un liquide jaune, une autre un liquide vert et une troisième un liquide blanc qu'il appelait respectivement l'orangeade, la menthe et l'eau plate et qui étaient du cognac, de la chartreuse et du péquet. Aujourd'hui, plus question d'amener quelque alcool que ce soit en salle d'autopsie.

Les temps changent, et vite. En autopsie, il y a trente ans, étaient présents les policiers chargés de l'enquête, les experts s'il en fallait, les magistrats, soit le procureur du Roi et le juge d'instruction, et les stagiaires magistrats et médecins. Aujourd'hui, à part le légiste et le labo, la salle est vide. Il n'était pas rare qu'à l'issue d'une autopsie, nous nous rendions tous ensemble au restaurant ; ce souvenir fait aujourd'hui partie d'un passé bien révolu.

« Allô, Docteur ? Pourriez-vous vous rendre... » C'est donc par ces mots que le substitut du procureur m'envoie quasiment à la frontière avec la France, dans cette belle province de Luxembourg. Arrivés sur place, Jean et moi sommes mis au courant des faits.

Le défunt ne répondait plus aux appels de son voisin qu'il fréquentait chaque jour et qui l'a découvert, en regardant par la fenêtre de la cuisine, pièce principale de vie dans les anciennes habitations, couché sur le sol, visiblement inanimé. Il a alors fait appel aux policiers qui ont dû enfoncer la porte. C'est une vieille porte qui ferme encore avec une de ces vielles clés, toujours grande, dont il n'existe qu'un seul exemplaire et dont la serrure ne permet de toute façon pas que deux clés y soient placées en même temps. La clé était du côté intérieur de la pièce, dans la serrure, ce qui a conduit les policiers à devoir défoncer cette porte.

La cuisine est carrée, de petite taille, avec une table en son centre, couverte par une de ces nappes comme on n'en voit plus guère, en plastique, à motifs jaune-orange. Sur la table, un petit mot par lequel le défunt explique son geste. Comme beaucoup de suicidés, il en avait marre de la vie, marre d'attendre une mort qui décidément l'avait oublié. Il avait visiblement décidé de se rappeler à son bon souvenir.

À côté de son mot d'adieu, il y a une boîte de munitions de 22 LR. LR, c'est pour « *long rifle* », ça signifie que la douille est plus longue que sur les autres munitions de ce calibre pour contenir plus de poudre afin de rendre le projectile plus vulnérant puisqu'il sera lancé avec plus de pression. 22, c'est le calibre. Un calibre exprimé en mesure anglaise, soit 0,22 pouce, soit 0,55 cm, c'est donc un calibre d'environ 6 mm. C'est toujours un peu casse-pieds, ces systèmes de mesure différents, source de nombreuses confusions. Le défunt a donc utilisé une petite munition pour mettre fin à ses jours. Certaines munitions sont renversées sur la table, d'autres encore dans la boîte et parmi les premières, certaines sont maculées de sang, nous y reviendrons.

Juste devant la table, parallèle à celle-ci et couché sur le dos, se trouve le défunt. Face à ses pieds, un mur que croise une conduite d'eau couverte de crasses, un mélange de graisses de cuisson et de poussières qui a dû se constituer pendant des années, vu l'épaisseur de la couche. Dans la partie horizontale du tuyau, à hauteur de thorax d'un adulte debout, on trouve des lignes perpendiculaires au tuyau dont la crasse a été enlevée et qui révèlent que le tuyau a été peint en blanc à une lointaine époque. À gauche de ce mur, la seule fenêtre de la pièce est intacte, fermée et munie de barreaux solides, rien à chercher donc de ce côté-là.

Il n'y a également qu'une seule entrée à la pièce dans laquelle on ne relève aucune trace de lutte, mais juste un désordre habituel comme on en trouve dans les pièces où l'on vit.

À droite du corps, une chaise en osier couverte par un coussin pour le siège et un autre pour le dos, tous deux maculés de sang en leur partie gauche, la partie droite étant restée immaculée. Les accoudoirs présentent tous les deux des traces de sang comme essuyées, exactement comme quand on pose une main ensanglantée.

Les services de secours sont intervenus, ils ont découpé le t-shirt, seul vêtement supérieur que le défunt portait et ont placé des électrodes sur le thorax pour vérifier l'activité cardiaque. Ils ont donc vérifié que le défunt l'était bel et bien, ce qui correspond à une bonne pratique. En effet, il faut toujours bien vérifier que quelqu'un est mort avant de l'attester, car il existe pas mal de situations où on pourrait se tromper, comme je l'ai raconté dans un autre chapitre. Ils ont donc bien fait, mais c'est toujours embêtant, comme décrit également dans un autre chapitre, car, en touchant le corps et en soulevant ses vêtements, on nuit à la scène de crime en la perturbant et en risquant soit d'emporter un élément important, soit de déposer des éléments qui la polluent.

« Il est correctement vêtu » est la phrase que nous utilisons pour dire que ses vêtements ne présentent pas d'excentricité particulière. Par contre, le t-shirt présente quatorze trous correspondant à des passages de projectiles, brûlés à leur périphérie, et il est couvert de sang en sa partie gauche depuis les orifices jusqu'au plus bas et jusqu'au flanc.

Une carabine se trouve entre les jambes du défunt, le canon dirigé vers le haut du corps. Jean s'est emparé de l'arme sur laquelle les relevés d'empreintes digitales ont déjà été réalisés. Il s'agit d'une carabine 22 long à verrou et chargeur d'une capacité de six projectiles. Il en reste quatre dans le chargeur. Sur la crosse de l'arme, le labo relève des traces de poussière graisseuse qui peuvent correspondre à celle qui a été enlevée du tuyau du mur face au corps.

Ce n'est qu'après avoir réalisé toutes ces observations que le médecin légiste peut s'occuper du corps. L'examen médico-légal se fait toujours sur un corps nu, sur toutes ses faces selon une méthodologie toujours la même, en réalisant une observation de haut en bas puis de bas en haut sous un bon éclairage, par exemple avec une lampe frontale de spéléologie pour se donner toutes les chances de ne rien rater.

À la face antérieure, le plus évident est que ce monsieur présente des traces d'impact de projectiles, toutes groupées à hauteur du thorax antérieur gauche, inférieur et paramédian, c'est-à-dire en région cardiaque. Il y en a quatorze et c'est ça qui a inquiété le magistrat et le motif pour lequel il a lancé la grosse artillerie : labo, expert en balistique et médecin légiste, car c'est du jamais vu pour un suicide présumé.

Ce sont à l'évidence des orifices d'entrée de projectiles. Il est très important de bien distinguer l'entrée et la sortie d'un projectile, notamment parce que la situation judiciaire d'un tireur n'est pas la même s'il tire dans le dos de sa cible ou de face.

Si le tir a lieu de face, on peut toujours tenter d'évoquer la légitime défense si, par exemple, la victime menaçait le tireur avec une arme, tandis qu'un projectile tiré dans le dos n'est guère plausible avec une légitime défense à moins de démontrer qu'il demeurait menaçant dos tourné, ce qui n'est pas évident.

Les orifices d'entrée ont des caractéristiques que n'ont pas les orifices de sortie. Quand une balle traverse la peau, elle commence par la déformer en la poussant vers l'intérieur avant de la percer. Ce faisant, vu sa vitesse (entre 280 et 380 m/seconde, soit entre 1000 et 1300 km/h), elle frotte contre la peau à très haute énergie, ce qui produit une petite abrasion cutanée en périphérie de l'orifice d'entrée qu'on appelle « collerette » parce qu'elle a la forme d'un petit col, et comme il s'agit d'une érosion, on l'appelle « collerette érosive ».

Ce n'est pas tout : outre le projectile, le canon de l'arme crache également une flamme qui provient de la combustion de la poudre contenue dans la douille. Cette flamme est de courte distance, 2 cm en moyenne selon le type de poudre. Il crache encore des grains de poudre qui n'ont pas été entièrement consumés et de la fumée qui provient, elle, de la poudre qui a été consumée.

Lorsque l'arme est au contact de la peau, le tir est dit « à bout touchant » ou « poussant », on voit le plus souvent la trace du canon de l'arme imprimée sur la peau et tous les éléments décrits, tels que la fumée et la poudre, sont contenus sous la peau, à l'intérieur d'une cavité que l'on appelle « chambre de mine ».

À courte distance, soit moins de 15 cm la plupart du temps, tous ces éléments se retrouvent sur la peau ou sur les vêtements de la victime, en périphérie du trou réalisé par le passage du projectile. On parle alors de tir « à bout portant ». Nous mesurons le diamètre de dispersion des grains de poudre ou de la fumée, ce qui permet à l'expert en balistique de déterminer la distance à laquelle se trouvait le tireur.

Pour ce faire, l'expert en balistique effectue des tirs de comparaison avec l'arme qui a servi jusqu'à atteindre la même dispersion. Lorsqu'il arrive à reproduire la même dispersion, c'est qu'il se trouve à la même distance que le tireur. Au-delà de cette distance, on ne trouve plus que l'orifice et la collerette érosive, c'est ce qui définit le tir « à bout distant ».

Du sang s'est écoulé depuis ces orifices jusqu'à la ceinture en antérieur, mais aussi depuis les orifices vers le dos en passant par le flanc gauche.

Il y a une autre trace d'impact de projectile à la face antéro-interne de la partie moyenne du bras gauche et aucune trace de sortie, le projectile est donc toujours à l'intérieur du bras. À la manipulation du membre supérieur gauche, je peux détecter que l'humérus (l'os du bras) est cassé juste en regard de l'impact de projectile. Dans ces conditions, je peux déduire sans crainte de me tromper que le projectile est entré dans le bras gauche, a cassé l'humérus et a épuisé toute sa vitesse de projection en capacité vulnérante avant de s'arrêter quelque part près de l'os.

La paume des mains est maculée de sang. Il n'y a aucune autre lésion significative en face antérieure du corps, et je fais photographier par le labo chacune des lésions relevées.

Dans ces conditions, je peux alors passer à l'examen de la face postérieure. Les seules lésions que j'y relève se trouvent sous le bras, en partie latérale gauche du thorax et sont de deux types, des orifices de sortie de projectiles et des ecchymoses. Les orifices de sortie ne présentent aucune des caractéristiques des orifices d'entrée et peuvent être circulaires, elliptiques ou déchiquetés. Dans le cas de notre défunt, ils sont tous déchiquetés, sans forme précise.

À partir de ce moment, nous entrons dans la deuxième phase de mon travail : interpréter les signes relevés. Les caractéristiques des orifices antérieurs ne permettent pas de les confondre, il s'agit bien d'orifices d'entrée et il y en a quatorze, soit quatorze coups de feu avec une carabine à verrou, ce qui signifie que, à treize reprises, l'auteur a dû ouvrir le verrou pour éjecter la douille et permettre à une nouvelle munition de s'y insérer, remettre l'arme en position, tirer.

Ce n'est pas tout : l'arme possède un chargeur de six munitions, ce qui signifie qu'il a dû le recharger à deux reprises.

Au fur et à mesure des tirs, le tireur a dû s'épuiser tant par la perte de sang engendrée par le passage des projectiles que par la douleur et il s'est vraisemblablement assis sur le siège en osier, si pas pour se reposer, au moins pour recharger son arme.

Il a dû sentir aussi ses plaies, y mettre les mains, les contaminant avec son propre sang. Ensuite, c'est les mains pleines de sang qu'il s'est servi des munitions posées sur la table, pour recharger son arme puis s'appuyer sur les accoudoirs pour se remettre en position debout.

La fatigue aidant, il a posé la crosse de son arme sur le tuyau de la cuisine, couvert de poussière graisseuse, ce qui explique les traces relevées sur le tuyau et la poussière graisseuse trouvée sur la crosse de la carabine.

Tout s'explique donc, mais il reste l'essentiel, le mystère des quatorze coups de feu nécessaires pour mourir alors qu'un seul en plein cœur aurait dû suffire. C'est vrai, mais pas avec une telle trajectoire. Les projectiles ont effectivement été tirés dans la zone du thorax derrière laquelle on trouve le cœur à une profondeur variable, en moyenne de 5 cm chez un adulte de stature moyenne... à condition de tirer dans un axe perpendiculaire à celui du corps. Mais ça n'a pas pu être le cas ici puisque la trajectoire des projectiles est oblique vers l'arrière et vers la gauche. En fait, les projectiles n'ont jamais touché le cœur à cause de cette trajectoire oblique.

Ils ont perforé le poumon gauche, cassé des côtes, certains ont même quitté le corps, dont un qui est entré dans le bras gauche et a fracturé l'humérus. Ils ont causé une hémorragie interne relativement lente en ne touchant aucun vaisseau à gros débit, mais juste le réseau vasculaire pulmonaire. Quand la cavité pleurale gauche s'est remplie d'environ un litre de sang, Jean a perdu connaissance et s'est retrouvé au sol, s'il ne s'y était pas déjà couché après la fracture du bras gauche qui a dû le rendre incapable d'utiliser encore son arme, puis il est mort vers 1,5 à 2 litres de perte de sang.

Dès lors, une question se pose : pourquoi a-t-il effectué tous les tirs en oblique ? La réponse est simple, mais il fallait y penser. Il avait les bras trop courts pour atteindre la détente de l'arme lorsqu'elle était placée perpendiculairement au corps, il devait alors la mettre en oblique pour y parvenir.

Cet homme a dû se croire immortel et a fait preuve d'une force de caractère peu commune, bien décidé pourtant qu'il était à en finir avec la vie. Imaginez son étonnement de n'être pas mort au premier coup de feu et sa perplexité de devoir en tirer quatorze. Son cas n'est cependant pas isolé, même si les autres que j'ai rencontrés étaient moins démonstratifs.

Ainsi, un homme d'une cinquantaine d'années décide de se suicider par arme à feu au beau milieu d'un parc fréquenté par des promeneurs. Pour nous, c'est une véritable aubaine que d'avoir des témoins, mais pour eux, ce sont des images qui resteront à vie gravées dans leur mémoire, avec tout le cortège traumatique que cela peut engendrer.

L'examen est réalisé sur place, comme c'est souvent le cas puisque nous n'avons pas de service de transport de corps adapté à nos besoins, mais surtout parce qu'il faut des réponses rapides pour pouvoir déterminer la suite à donner sur les plans policier et judiciaire.

Lors de mon examen, je constate un orifice d'entrée de projectile à hauteur du palais de la bouche avec une sortie au sommet du crâne et un autre en thoracique antérieur gauche, à hauteur du cœur sans sortie de projectile. À moins qu'une personne soit intervenue pour tuer cet homme, ce qu'aucun des témoins ne décrit, je peux, sans risque de me tromper, dire que le premier tir était cardiaque et le deuxième transcrânien. De nouveau, il s'agit d'un homme qui a d'abord essayé de toucher le cœur et qui a dû être très étonné de ne pas mourir immédiatement, comme dans les films.

N'allez pas croire que le tir intracrânien est nécessairement immédiatement mortel, j'ai une cassette vidéo d'un homme qui a filmé son suicide. À l'examen, avant visionnage de la cassette, je constate deux orifices d'entrée avec les caractéristiques d'un bout touchant, l'un à la tempe droite et l'autre dans la bouche avec des sorties correspondantes à chacun des orifices d'entrée, soit respectivement à la tempe gauche et au sommet du crâne. Quand je visionne la cassette vidéo, je comprends ce qu'il s'est passé. On y voit le défunt qui installe le matériel vidéo correctement, s'assied, prend son arme en main droite, la place sur la tempe droite, ferme ses yeux puis tire. Sous l'impact, de la matière, sang et chair, sort par la tempe gauche et la tête disparaît du champ de vision. Plus loin sur la cassette, soit après une bonne heure de film, la tête réapparaît, on devine qu'il cherche à tâtons son arme qu'il finit par trouver. En effet, il ne voit plus, le projectile ayant sectionné les nerfs optiques qui se trouvent sur sa trajectoire en cas de tir dans la tempe. On le voit qui place alors son arme dans sa bouche et qui tire.

La médecine légale conduit à tout, même à la spéléologie. Nous devons toujours nous rendre sur les lieux de découverte du corps, même s'il faut pénétrer dans des grottes pour ce faire. Des spéléologues ont un jour fait une macabre découverte lors de leur promenade dominicale.

Après un trajet de quelques minutes, le corps est là, assis sur une corniche qui surplombe un à-pic de 4 à 5 mètres. À l'examen, le corps présente deux impacts de projectiles à hauteur de la tempe droite qui sont manifestement des orifices d'entrée « à bouts touchants » puisqu'on note, en périphérie des trous, l'empreinte du canon de l'arme. Par contre, il n'y a pas de sortie, ce qui n'est pas étonnant, car, vu le diamètre des trous, il devait s'agir de petits calibres. Je ne peux pas en être certain, car on n'a pas retrouvé l'arme qui a servi. Je devrais écrire plutôt « les armes qui ont servi », car les orifices n'ayant pas le même diamètre, il est quasiment certain qu'il s'agissait de deux armes de calibres différents.

Petit problème : elles ne sont pas à côté du corps, ce qui peut paraître surprenant, mais comme le corps est assis sur la corniche d'un à-pic, l'arme a pu tomber. Les spéléologues qui nous accompagnent descendent cette paroi en faisant du rappel et découvrent les armes du crime à la hauteur du corps. Il s'agit de deux pistolets de calibre 6.35 et de calibre 22 (soit environ 6 mm) associés l'un à l'autre de telle manière que, en appuyant sur la détente de l'un, les deux coups de feu partaient en même temps.

Pourquoi cet homme s'est-il à ce point compliqué la vie en créant un montage aussi complexe ? Sans doute parce qu'il a voulu augmenter ses chances de ne pas survivre.

Ces cas de suicide sont étonnants par leur caractère exceptionnel. La détermination de certains de ceux qui ont décidé de mettre fin à leurs jours, le plus souvent après une longue réflexion et sans en parler, sans manifester de signes qui auraient permis à leurs proches d'être alertés, ne laisse pas de surprendre.

Sur le plan médico-légal, leur intérêt est de nous sortir de nos idées préconçues largement distillées par les films, les romans et les croyances populaires qui ne remplaceront jamais l'expérience, celle du terrain, celle qui nous permet d'être confrontés à la réalité et à toute sa complexité.

Le coup de la fourchette

Pierre est un guindailleur de 22 ans, il a le physique du bon vivant buveur de bière sans être alcoolique. Il vit seul dans sa maison qu'il aménage avec beaucoup de soin et aime particulièrement les sorties avec ses amis au cours desquelles la bière coule à flots.

« Allô, Docteur ? Pourriez-vous vous rendre à... un homme a été retrouvé décédé par son médecin traitant alors qu'il l'avait appelé pour un mal de gorge. »

Sur place, je découvre le corps de Pierre étendu au sol devant une table de jardin en plastique blanc, la tête tournée vers l'un des pieds de cette table, gisant dans une mare de sang.

Comme d'habitude, avant de m'intéresser au corps, je fais le tour de la pièce puis je monte à l'étage et je découvre sa chambre qui donne sur un palier sans garde-fou, sans rambarde, à l'aplomb du corps de Pierre. Les policiers ont d'abord pensé qu'il avait fait une chute depuis ce palier, ce qui était bien possible, mais la découverte d'une mare de sang à côté du lit dans la chambre du premier étage leur a fait changer d'avis.

En effet, comment aurait-il fait pour tomber au sol où il a abondamment saigné puis remontrer à l'étage pour y déposer du sang, redescendre, se coucher au même endroit où il avait saigné et mourir ? Ça ne tient pas la route. Comme médecin légiste, je suis donc appelé pour trouver une solution à cette énigme.

À l'étage, dans la chambre, le lit est défait. Au côté droit du lit se trouve la mare de sang importante que les policiers ont relevée. La mare de sang se trouve dans l'étroit passage entre le côté droit du lit et un meuble. Elle est entourée de nombreuses « spitures » (mot wallon que j'aime bien dont la traduction est « projections ») qui démontrent que le sang est tombé avec une vitesse certaine notamment due à la hauteur d'émission, laquelle n'est pas difficile à identifier à cause de projections sanguines sur le meuble qui fait face au côté droit du lit. Elle était d'un maximum de 1,5 mètre.

Le bord supérieur de l'édredon montre des taches de sang qui dessinent une empreinte de main droite comme si le bord avait été saisi par cette main pour écarter l'édredon et sortir du lit.

Une tache de sang, une goutte gravitationnelle, c'est-à-dire tombée depuis une certaine hauteur, est visible sur le plancher entre le lit et la porte de la chambre, puis plus rien sur le palier, ni sur l'escalier, ni sur le sol du salon avant d'arriver au corps.

Pierre est couché de tout son long face à la table. À hauteur de sa tête, il y a une impressionnante mare de sang. Au bout de cette mare, le pied de la table de jardin en plastique est maculé de sang jusqu'à une hauteur de 2 à 3 cm. Or, le sang ne peut pas monter par capillarité, par absorption comme avec un buvard, sur un pied en plastique, il faut donc qu'il y ait eu un jet, comme une vague de sang, projeté à grande vitesse pour qu'il atteigne cette hauteur.

Au bout de la mare, un objet attire mon attention, c'est un caillot de sang formé autour d'un morceau de fourchette en plastique constitué de la partie dentée, sans le manche et dont il manquait une dent sur les quatre d'origine.

Qu'est-ce que ce morceau de fourchette peut bien faire là ? La première idée est qu'il était par terre et que le sang l'a recouvert ensuite. Pourquoi pas, mais le sang ne coagule pas quand il est hors du corps, il peut sécher, mais pas coaguler. Pour coaguler, le sang a besoin d'éléments qui lui viennent progressivement grâce à la circulation sanguine, ce qui n'est évidemment pas possible en dehors de l'organisme. Or, c'est bien un coagulat que j'observe et qui met à mal cette hypothèse. Seule solution, la fourchette était dans le corps. Oui, mais où ? Et comment y est-elle arrivée ? Autant de questions que l'autopsie permettra vraisemblablement de résoudre.

Dans l'intervalle, le substitut du procureur a requis un juge d'instruction que je n'ai pas de difficultés à convaincre de réaliser une autopsie. Le jour même, je réalise l'autopsie de Pierre. Pendant ce temps, l'enquête progresse très vite.

Les policiers interrogent le médecin traitant qui a été appelé sur place pour un mal de gorge. Comme ce n'était pas urgent, il a intercalé Pierre dans sa tournée et a eu la désagréable surprise de le trouver mort. Il a prévenu lui-même la police et n'a pas rédigé de certificat de décès, car il ne comprenait pas bien l'origine de l'hémorragie qu'il avait, bien évidemment, évaluée comme en étant la cause. Et il avait raison.

Lors de l'autopsie, j'ai la surprise de constater que l'œsophage, le conduit qui amène la nourriture depuis la bouche jusqu'à l'estomac et qui traverse le thorax de haut en bas, est percé de cinq trous, deux sur un flanc et, en face, trois autres. Lorsque je mets la fourchette à cet endroit, je peux constater qu'elle s'adapte parfaitement. Les deux trous correspondent à la partie coupée de la fourchette, là où manque le manche, tandis que les trois autres trous correspondent aux trois dents de cette fourchette.

L'œsophage a trois rétrécissements sur son trajct, lc premier est juste sous le larynx, là où commence l'œsophage, qui est facilement franchi par la déglutition (le fait d'avaler), le second se trouve plus bas, à l'endroit où l'œsophage croise la crosse de l'aorte. L'aorte est le plus grand vaisseau du corps, c'est une artère, un vaisseau qui part du cœur et amène le sang vers la périphérie, vers tous les organes, vers toutes les cellules du corps.

Les lésions observées sur l'œsophage se trouvent à la hauteur du second rétrécissement et l'une de celles qui correspondent aux dents se poursuit jusqu'à la paroi de l'aorte qui est elle-même percée d'un trou, mettant en communication l'aorte avec l'œsophage. Il a fallu un temps certain, soit plusieurs jours, pour que cette double perforation (œsophage puis aorte) puisse se réaliser. Au fur et à mesure du temps qui passait, la perforation se poursuivait par une action de la péristaltique de l'œsophage, c'est-à-dire que chaque fois que nous avalons, l'œsophage s'ouvre et se contracte pour pousser la nourriture vers l'estomac. En se contractant de cette manière, l'œsophage poussait lui-même la fourchette à travers sa paroi.

Aussi longtemps que la paroi de l'œsophage n'était pas perforée, Pierre a dû avoir mal puis, une fois cette perforation faite, il a dû se sentir quelque peu soulagé sur le plan de la douleur. Soulagé, mais pas vraiment au mieux de son état, car il devait avoir des difficultés pour faire passer la nourriture avec un objet qui en bloquait la descente.

Pendant ce temps, la fourchette continuait sa pénétration des tissus et franchissait le frêle espace qui sépare l'œsophage de l'aorte. Sous la péristaltique de l'œsophage, la fourchette a pénétré de plus en plus profondément jusqu'à atteindre l'aorte, la perforer et entraîner d'abord un saignement assez léger, mais relativement continu, ce qui a permis à un coagulat de se former sur la fourchette.

Le sang a donc d'abord progressivement envahi l'estomac qui n'aime pas trop le sang, ce qui a fait vomir Pierre.

Il a vomi une première fois alors qu'il était dans son lit. Il a juste eu le temps de mettre la tête de côté et de vomir en un seul jet, mais un jet conséquent vu la masse de sang au sol. Il s'est essuyé la bouche avec sa main droite puis a retiré l'édredon pour sortir de son lit, y a laissé l'empreinte de main ensanglantée que l'on y a vue, a traversé la pièce et est descendu au rez-de-chaussée où il s'est senti mal.

Il s'est couché au sol et a vomi une deuxième fois d'un jet violent qui a atteint le pied de la table en plastique jusqu'à 2 à 3 cm de haut. C'est à ce moment-là que la fourchette s'est détachée et a été expulsée, provoquant une hémorragie cataclysmique puisqu'elle n'assurait plus la fermeture des orifices qu'elle avait créés.

Il y a peut-être eu d'autres vomissements alors qu'il était au sol, mais cette hypothèse est indémontrable. Quoi qu'il en soit, Pierre est décédé d'un choc hypovolémique, c'est-à-dire du fait qu'il manquait de sang dans l'organisme pour le faire fonctionner.

L'enquête se poursuivant durant l'autopsie, nous apprenons rapidement que, lors de ses sorties, Pierre acceptait d'avaler à peu près n'importe quoi dès lors que l'objet se trouvait dans un verre de bière qui lui était offert. D'ailleurs, poursuivant l'autopsie, nous trouvons un morceau de couteau en plastique, soit la partie coupante sans le manche, qui a déjà bien progressé dans l'intestin grêle.

Plus tard, j'apprendrai que le jour où Pierre a avalé la fourchette, soit neuf jours plus tôt, il a été emmené à l'hôpital par ses amis, car, sitôt après l'avoir avalée, il a eu fort mal au thorax, un mal atroce qui le paralysait.

À l'accueil des urgences, ses amis ont signalé qu'il avait « avalé une fourchette », ce qui a provoqué l'étonnement du personnel des urgences, pourtant déjà habitué à pas mal d'excentricités. Il faut avoir travaillé aux urgences pour se rendre compte de l'inimaginable du quotidien de ce service. Ils l'ont également dit aux infirmières et au médecin qui a prescrit de réaliser une radiographie.

Problème : le plastique est radiotransparent, ce qui signifie qu'il est invisible à la radiographie, surtout lorsqu'il est placé à l'intérieur de tissus, comme c'était le cas de Pierre. Il n'existait donc pas la moindre chance que la fourchette en plastique soit visible à la radiographie. Par contre, la radiographie montrait des pièces de monnaie dans le duodénum, qui constitue la première portion de l'intestin grêle, juste après l'estomac, là où il ne pouvait plus être question d'aller les rechercher. Le médecin a pensé que c'étaient ces pièces de monnaie qui, par leur taille, avaient créé des lésions superficielles de l'œsophage, lesquelles engendraient une douleur qui allait passer.

À aucun moment, il n'a imaginé que d'avoir avalé une fourchette pouvait être vrai et que tous ces étudiants à l'alcoolisation évidente disaient la vérité. Il a laissé Pierre quitter l'hôpital et rentrer chez lui.

Après quelques jours, la paroi étant perforée, la douleur a franchement régressé même s'il ne pouvait plus tout manger et notamment des solides comme de la viande ou même de simples morceaux de pain. C'est étonnant qu'il n'ait plus consulté ensuite, mais les faits sont là, il n'a plus consulté.

Bien évidemment, la responsabilité du médecin des urgences a été mise en cause et le tribunal a estimé qu'il avait mal agi en ne réalisant pas de gastroscopie, examen qui consiste à descendre une caméra dans l'œsophage et dans l'estomac pour voir s'il y a des lésions et faire des biopsies. Cet examen aurait permis de voir la fourchette et même de l'extraire.

C'est là une bien triste mort pour un gars bien sympa qui croquait la vie à pleines dents. J'ai hésité à la raconter dans cet ouvrage, mais vu que j'en ai déjà fait une publication scientifique fort appréciée dans le petit monde médico-légal vu son caractère exceptionnel, je l'ai fait néanmoins. Ainsi, je poursuis également le but que Pierre ne soit pas mort pour rien, pour que de telles situations ne se reproduisent pas. La vie est déjà bien trop courte pour qu'on l'abrège de cette manière !

On l'ignore souvent, mais la digestion commence dans la bouche. Le but de la digestion est de réduire les aliments en particules suffisamment fines pour qu'elles puissent être récupérées par les intestins et servir, notamment et surtout, à la production d'énergie par les cellules de notre organisme. Pour ce faire, la nourriture est détruite d'abord mécaniquement par les dents qui la broient, la déchiquettent, le perforent et la tranchent puis par une action chimique qui commence dans la bouche par l'action d'enzymes qui permettent la dégradation des chaînes de glucides (sucres).

Je raconte tout ça pour que vous ayez bien présent à l'esprit que mâcher la nourriture n'est pas une option, mais une nécessité qui permet de soulager le travail de l'estomac, lequel libère de l'acide chlorhydrique pour détruire la nourriture en la rendant semi-solide.

La sécrétion d'acide chlorhydrique est d'autant plus importante que les aliments sont peu détruits, donc peu mastiqués, ce qui peut entraîner des désagréments comme des ulcères dus à la sécrétion intense d'acide chlorhydrique, une lenteur digestive, la nourriture étant retardée dans l'estomac, et de la fatigue, pour ne citer que les plus communs.

Mais il y a pire que ceux qui mastiquent peu, il y a ceux qui ne mastiquent pas et avalent tout rond leur morceau de viande.

C'est une pathologie médico-légale classique que nous appelons « le syndrome du glouton ». Il était à table, notre glouton, dans un restaurant pour un dîner d'affaires. Il avait commandé de la viande, l'avait demandée saignante comme tous les vrais mangeurs de viande puis avait commencé à manger. Dans le feu de la discussion, il avait voulu prendre la parole et avait littéralement « avalé de travers », mais le morceau était si gros qu'il est resté bloqué. Après avoir étouffé un moment, sans aucune capacité à tousser puisque la gorge était bloquée, ce qui l'empêchait de faire entrer suffisamment d'air pour tousser, il a perdu connaissance puis est décédé par asphyxie avant l'arrivée des secours.

C'est une mort parfaitement évitable en utilisant une manœuvre toute simple qu'il faut absolument connaître. Il s'agit de la manœuvre de Heimlich qui consiste à prendre la personne par-derrière, lui placer les bras sur l'abdomen et pousser très fort, ce qui crée une hyperpression de l'abdomen qui se transmet au thorax et permet le plus souvent d'expulser le bouchon de nourriture.

C'est une mort stupide, parfaitement évitable, qui survient typiquement dans les restaurants et dans les maisons de retraite. Je trouvais important d'en parler dans le contexte de l'histoire que je vous ai racontée, une autre histoire de trouble des conduites alimentaires, si l'on peut dire.

Basic instinct

Qui n'a vu ce film, un événement dès sa sortie en 1992, avec une Sharon Stone éblouissante et Michaël Douglas dans les rôles principaux, même si ce que l'on retient est plus le fameux interrogatoire de Sharon Stone que l'intrigue même du film?

« Allô, Docteur? Nous avons un meurtre à l'arme à feu, je fais venir aussi l'expert en balistique. » L'expert en balistique est Jean Jamar, cet ancien inspecteur de la police locale que j'ai déjà présenté. Nous faisons la route ensemble. Faire la route avec Jean peut être un tantinet épuisant, car il fait systématiquement des remarques sur ma façon de conduire. Je ne suis sans doute pas le meilleur conducteur au monde, j'en conviens, mais, avec Jean, j'ai l'impression d'être un apprenti qui passe son permis de conduite avec un examinateur fort tatillon. « Trop près, trop vite, attention au feu, c'est une priorité de droite, etc. », et pas question de dépasser les limitations de vitesse, ce qui est, pour moi, le plus pénible.

Après une heure et demie d'autoroute, nous arrivons sur place. Le corps a été retrouvé au premier étage d'une maison classique des Ardennes, toute en pierre du pays. Une fois entré, je me rends directement dans la pièce où se trouve le corps. Le laboratoire a fini ses photos, ses relevés d'indices et je peux entrer, une chance, car cette activité indispensable peut prendre facilement deux heures.

Jean est sur mes talons et s'inquiète de l'arme qui aurait été utilisée. Pas d'arme sur place, ce qui va considérablement compliquer les choses, car c'est un indice sérieux de meurtre. Je n'ai, en effet, encore jamais vu de suicidé à l'arme à feu qui aille remettre son arme en place avant de mourir.

Comme d'habitude à l'entrée de la pièce, c'est comme devant une sandwicherie sur le temps de midi, une file de policiers et de magistrats, tous impatients d'entrer et de voir le corps. C'est quand même pour cela qu'ils sont venus, voir les lieux et voir le corps. C'est une étape indispensable pour eux. Il ne faut pas longtemps, mais avoir vu est bien plus efficace que n'importe quelle description ou que n'importe quelle photo.

L'avantage, quand on est médecin légiste, c'est qu'on est attendu avec beaucoup d'impatience et d'intérêt pour faire les premières constatations, c'est-à-dire pour fournir les premiers éléments du dossier, une première estimation de la cause et du moment du décès, en ce qui concerne le corps.

Le corps est celui d'un homme d'âge mûr, une cinquantaine d'années selon mon estimation, caucasien, de taille et de corpulence moyennes, vêtu d'un peignoir sous lequel il est entièrement nu. Il porte également des pantoufles sans chaussettes. Il présente une importante calvitie, a les mains soignées, les ongles propres et non cassés, sans rugosité aux mains, ce n'est donc pas un travailleur manuel. Il présente un embonpoint classique pour l'âge, il n'a pas le profil d'un alcoolique, mais ne doit pas faire de sport.

Puisqu'il est vêtu d'un simple peignoir, il y a fort à parier qu'il connaissait bien l'auteur et qu'il entretenait avec cette personne une relation sentimentale ou, à défaut, une relation sexuelle.

Une bouteille de champagne encore fermée trône dans un seau à champagne rempli d'eau, mais dépourvu de glace alors qu'il y a un seau à glace à part, rempli d'eau lui aussi, avec une pince à glaçons et un pic à glace juste à côté. Il y a donc eu de la glace qui a nécessairement eu le temps de fondre avant que l'on découvre le corps.

Par contre, le lit n'est pas défait, ce qui n'est guère logique dans de telles conditions. On peut donc penser qu'il attendait cette relation sentimentale ou sexuelle, mais qu'il ne s'est rien passé.

Vu les circonstances, je propose de l'appeler Roméo. Je revêts la combinaison protectrice, la fameuse Tyvek. Je n'ai jamais aimé porter cet habit, mais il est indispensable dans les conditions d'une descente judiciaire quand le laboratoire n'a pas tout à fait fini ses travaux et qu'il pourrait encore se trouver des indices à relever sur le corps de la victime. Je ressemble à un Bibendum chamallow, pas sexy pour un balle, mais ce n'est certainement pas l'endroit pour l'être. C'est d'ailleurs pour cette raison que les films des différentes séries CSI ne montrent jamais leurs acteurs habillés avec cette Tyvek pourtant largement utilisée aux USA par tous les techniciens de scène de crime. En plus, il fait chaud, là-dedans. Cette combinaison a été prévue pour ne déposer aucune de ses fibres sur une scène de crime et pour n'en capter aucune qui serait sur le corps, elle est donc constituée de mailles très serrées, c'est un tissu qui ne laisse rien passer. Au bout de quelques minutes, c'est un sauna. De plus, je porte toujours une lampe frontale qui me permet d'avoir un excellent éclairage de la zone que j'examine, indispensable pour ne rien rater.

Le corps est couché sur le dos, les bras légèrement écartés. Sur le peignoir, à hauteur de la région cardiaque, on voit du sang. En m'approchant, je devine un trou qui permet, en effet, d'évoquer le passage d'un projectile. Avant le déshabillage, je ne relève aucun autre dégât sur le vêtement, aucune autre lésion quant aux zones visibles du corps.

Je poursuis par le retrait du vêtement, mais le corps est déjà rigide, ce qui constitue toujours un sérieux handicap. Il faut d'abord rompre les rigidités des membres supérieurs. Sauf cas particuliers, le corps est rigide en douze heures. Les rigidités commencent après deux heures *post-mortem* par les mâchoires puis s'étendent progressivement à l'ensemble du corps en douze heures avant de disparaître au bout de vingt-quatre à trente-six heures *post-mortem*. Je peux déjà estimer que le décès a eu lieu entre douze et vingt-quatre heures plus tôt. Rompre les rigidités chez un homme en bonne santé, c'est toujours très physique puisqu'il faut vaincre la résistance des membres qui dépend de leur masse musculaire. Et ce monsieur, même s'il n'était pas culturiste, a une belle masse musculaire. Et me voilà en train de rompre ces rigidités sous le regard un tant soit peu amusé de tout un aréopage de magistrats et de policiers, ce qui donne l'impression de faire du sport devant un groupe d'examinateurs. Il y en a toujours un pour dire : « On fait son sport, Docteur ? », « Ça va, les muscles, Docteur ? », « Vous n'aurez pas besoin d'aller à la salle de sport aujourd'hui », « Oh hisse, oh hisse ».

Roméo est donc dans son costume d'Adam, toujours sur le dos. Il présente bien un orifice de passage de projectile en région cardiaque. C'est même un bel orifice d'entrée de démonstration. Un trou de 9 mm de diamètre entouré d'une collerette érosive. Il n'y a pas de collerette d'essuyage, car, vu la présence du peignoir, le projectile s'est sans doute essuyé en le traversant avant de toucher la peau.

« Alors, Docteur ?

— Eh bien, Monsieur le juge, il y a bien un orifice d'entrée de projectile en région cardiaque, je vais maintenant retourner le corps pour vérifier s'il existe une sortie. »

Avant de retourner le corps, j'examine avec beaucoup d'attention sa face antérieure, je palpe le crâne, les membres, le thorax, le bassin à la recherche d'éventuelles fractures puis seulement, n'ayant rien trouvé de plus, je retourne le corps.

Il sent bon, Roméo s'est parfumé. Un cadavre qui sent bon est un événement suffisamment rare pour être mentionné. C'est un élément de plus qui laisse suspecter qu'il attendait quelqu'un et que ce n'était pas pour faire une partie de cartes. Mais où est Juliette ? Roméo était célibataire depuis que sa femme l'avait quitté pour vivre avec son meilleur ami, avec lequel il était quelque peu en froid depuis lors, ce qui se comprend fort bien. Roméo s'était vite remis. Après quelques mois, il avait rencontré une femme avec laquelle cela n'avait pas duré, car il avait besoin de liberté et n'envisageait pas de se remettre en couple. Selon son voisin, Roméo avait cumulé les conquêtes féminines, cumulé les Juliette, ce qui n'était guère du goût de la femme du voisin qui a dit aux policiers : « Ça devait arriver, quand on a une vie comme ça», tout en regardant son mari pour qu'il comprenne bien la leçon au cas où il aurait rêvé de la même vie. Dans de telles circonstances, ce sont plus souvent les maris jaloux qui commettent de tels faits, surtout par arme à feu. J'ignore pour quel motif, mais le meurtre par arme à feu est plutôt une affaire d'hommes que de femmes, il est d'observation courante que les femmes ne les utilisent pas beaucoup. C'est peut-être le mari ou le compagnon de l'une d'elles qui a commis les faits, il reste à la trouver pour déterminer le potentiel coupable.

Le corps se trouve maintenant sur le ventre. Je pars à la recherche de l'orifice de sortie, mais pas comme un chien fou qui regarde partout à la fois et nulle part avec attention. Je commence par examiner la tête et je descends jusqu'aux pieds puis je repars des pieds vers la tête et je note tout ce qu'il y a à relever. Et dans le cas de Roméo, il n'y a rien à relever, rien du tout, pas la moindre trace d'orifice de sortie ni aucune autre trace de quoi que ce soit, d'ailleurs.

Il peut arriver qu'un projectile soit ralenti par le contact avec un os et, comme le projectile est entré en thoracique antérieur gauche, il a pu être freiné par une ou plusieurs côtes. Dans ce cas-là, le projectile peut perdre suffisamment d'énergie pour ne plus être capable de traverser la peau. La peau est un tissu élastique résistant et, souvent, je trouve des projectiles qui n'ont plus eu la force nécessaire pour traverser ce tissu qui le garde en sous-cutané. Une simple incision au bistouri, non pas sur le relief du projectile, mais à côté pour éviter d'y laisser une marque, permet de l'extraire. Je palpe donc le dos à la recherche du projectile, sans succès.

De la même manière qu'il peut être ralenti, le projectile peut être arrêté par un os. Dans ce cas, je le trouverai à l'autopsie. S'agissant à l'évidence d'un meurtre, l'autopsie devient indispensable, non seulement pour déterminer avec certitude la cause du décès en excluant toute autre cause potentielle, mais aussi pour retrouver le projectile et l'analyser. Le projectile est absolument nécessaire pour l'expert en balistique afin de permettre d'identifier quel type d'arme a été utilisée, voire l'arme précise qui a servi, d'autant plus que, sur place, aucune arme n'a été trouvée, pas plus qu'une douille éjectée au moment du tir. L'absence de douille sur place peut provenir de trois causes : la première, c'est qu'on n'a pas bien cherché et qu'elle est là quelque part qui nous attend ; la deuxième, c'est que l'auteur du tir a ramassé la douille et l'a emportée ; et la troisième, c'est que ce n'est pas un pistolet, mais un revolver qui a servi, car le revolver (l'arme de Lucky Luke) n'éjecte pas ses douilles, mais les garde dans le barillet.

Je termine l'examen du corps par une prise de la température rectale pour permettre d'évaluer le moment du décès et par des prises de sang et d'urines pour d'éventuels examens toxicologiques si le magistrat souhaite y procéder.

Lors de déplacements loin de l'IML, les autopsies se pratiquent sur place, soit dans un hôpital s'il a un service d'anatomopathologie équipé d'une salle d'autopsie, soit chez des pompes funèbres équipées d'une salle d'autopsie. Dans le cas de Roméo, son autopsie aura lieu chez des pompes funèbres, car l'hôpital local n'est pas disposé à nous accueillir en raison de problèmes techniques. Cela ne m'arrange pas, car j'ai besoin d'un examen radiographique pour identifier l'endroit où se trouve le projectile. Dans un corps, il est bien difficile de repérer la trajectoire précise d'un projectile. C'est déjà plus facile dans le thorax que dans l'abdomen parce que les organes thoraciques sont fixes, contrairement aux intestins qui sont mobiles, ce qui fait qu'il est très difficile de les remettre à la place qu'ils occupaient au moment du tir. D'autre part, il est rare que le projectile fasse une belle ligne droite, le plus souvent, il est dévié.

Pas de radiographie possible, tant pis, on fera sans. C'est une trajectoire thoracique, c'est la plus simple après une trajectoire crânienne, ça devrait aller. Je commence l'autopsie dans une superbe salle, très bien équipée, hyper propre et, surtout, très important pour moi, chauffée. Je suis un grand frileux et je souffre d'une réactivité un peu trop développée au froid. Cette pathologie touche mes doigts qui, au contact du froid, me font immédiatement mal et se raidissent au point que je ne peux plus travailler.

Je m'habille. Une veste de chirurgien, puis un grand tablier bleu qui se ferme dans le dos, puis un grand tablier en plastique qui couvre toute la face antérieure et, enfin, une paire de bottes. Le matériel est disposé sur une petite table, des ciseaux, des pinces, une scie à plâtre pour ouvrir la boîte crânienne, des bistouris avec leurs lames, des aiguilles et du fil épais pour recoudre le corps une fois l'autopsie achevée. Tout est prêt.

Un de mes assistants m'a rejoint pour l'autopsie puisqu'on procède toujours à deux afin d'augmenter les chances de ne rien rater. Tout le monde est là, magistrats, policiers, laboratoire, je peux donc commencer. Le corps est disposé sur la table d'autopsie, couché sur le ventre. Le labo prend des photos du corps avant la première incision, ce qui marque le début de l'autopsie. Nous voilà partis pour deux bonnes heures de travail, ce qui constitue la durée moyenne d'une autopsie quand il n'y a pas de souci et que les faits sont simples. On passe facilement à trois ou quatre heures, voire bien plus en cas de lésions multiples, par exemple.

La première incision s'étend de la nuque à la pointe des fesses puis sur la face dorsale des membres inférieurs jusqu'aux talons. On passe ensuite le bistouri entre la peau et les muscles et on décolle ainsi la peau du dos et des membres pour mettre en évidence une éventuelle lésion qui n'aurait pas été visible à l'examen extérieur. Je recherche aussi, principalement, le projectile s'il a été en sous-cutané, mais il n'y a aucun projectile visible ni aucune autre lésion, d'ailleurs. Nous suturons donc les incisions que nous avons faites et refermons ainsi le corps. Ensuite, nous le retournons et le plaçons sur le dos.

La deuxième incision part du menton et va jusqu'au pubis, en passant par le cou, le thorax puis l'abdomen, tandis que la troisième va d'une épaule à l'autre en passant sur le relief des clavicules, ce qui l'amène à croiser la deuxième incision à hauteur du sternum. Si vous regardez des films tels que la série *Les Experts*, vous verrez que ce ne sont pas les mêmes incisions chez les Anglo-Américains, qui ne prolongent pas la deuxième incision en région du cou. Ils font une espèce de « Y » qui va du pubis au sternum et d'une épaule à l'autre sans traverser la région du cou. En Belgique et en France, nous utilisons un système qui a le net avantage de permettre un accès facilité au cou et une meilleure vision de cette région à laquelle il faut apporter un soin tout particulier pour y rechercher des traces de strangulation dont la discrétion pourrait, parfois, nous laisser passer à côté de cette cause de décès. J'ai l'occasion d'y revenir dans un autre chapitre.

Après avoir réalisé ces deux incisions, je récline la peau, c'est-à-dire que je la détache des masses musculaires qui sont juste en dessous afin de vérifier qu'il n'y a pas de lésion en profondeur. Puis, en région du cou, je dégage tous les muscles un par un et les examine à la recherche de lésions qui témoigneraient d'un traumatisme à cet endroit, comme des traces de strangulation. Puis j'ouvre le thorax, j'examine les cavités pleurales, celles qui contiennent les poumons. Normalement, elles ne contiennent que les poumons et un peu de liquide, mais dans le cas de Roméo, la cavité pleurale gauche contient une importante quantité de sang, soit 1,5 litre, tandis que la cavité droite contient 1 litre. 2,5 litres de sang, c'est une hémorragie très importante, mortelle, car tout le sang qui se trouve dans ces cavités n'est plus disponible pour l'organisme et ne circule plus. Ce n'est pas très grave en cas de petites quantités de sang, mais 2,5 litres, c'est une perte mortelle, on parle d'un décès par hypovolémie. Je ne pourrai confirmer formellement que l'hypovolémie est la cause du décès qu'à la fin de l'autopsie, quand j'aurai vérifié qu'il n'y a pas d'autre cause de décès possible.

Après avoir regardé les cavités pleurales, j'examine le cœur et je constate que la membrane qui entoure le cœur et qu'on appelle « péricarde » est bien percée d'un trou à son côté gauche. J'ouvre le péricarde, ce qui permet de dégager le cœur que je découvre percé de part en part. En soulevant le cœur, je vois la face postérieure du péricarde, percée elle aussi. La balle se trouve donc dans la colonne vertébrale ou, plus certainement, dans le thorax droit, bloquée par une côte.

Je poursuis l'autopsie par l'extraction du bloc cœur-poumons que je dépose sur ma table de dissection pendant que mon assistant vérifie l'intégrité du muscle diaphragme, afin d'être certain que le projectile n'est pas passé dans la cavité abdominale. Ce n'est pas la bonne trajectoire, mais il vaut toujours mieux vérifier. Le diaphragme est intact et l'autopsie se poursuit par l'examen de la cavité abdominale et de ses organes.

La dissection du cœur et des poumons débute par un examen externe de ces organes avant de les ouvrir. Le cœur est bien percé de part en part, l'entrée se faisant par la paroi antérieure gauche du cœur et la sortie par la paroi de l'oreillette droite. Le cœur est une pompe aspirante-refoulante qui reçoit le sang qui revient de tout l'organisme par sa partie droite et le renvoie dans tout l'organisme par sa partie gauche. Il est divisé en quatre cavités, deux à droite et deux à gauche, constituées de chaque côté par une oreillette, cavité par laquelle le sang rentre dans le cœur, et un ventricule, cavité par laquelle le sang quitte le cœur. Les parties gauche et droite du cœur sont séparées par une paroi que l'on appelle septum. À l'ouverture du cœur, je constate que la balle est passée dans le ventricule gauche puis à travers le septum dans le ventricule droit puis dans l'oreillette droite avant de quitter le cœur.

Ensuite, j'examine les poumons qui montrent des traces de perforation à gauche, ce qui est normal, mais aucune à droite, ce qui l'est nettement moins. Vu la trajectoire, la balle aurait dû traverser le lobe moyen du poumon droit, mais il est intact comme le sont aussi les deux autres lobes, le supérieur et l'inférieur.

À y regarder de plus près, il y a une autre anomalie, l'orifice de passage du projectile à la sortie de l'oreillette droite semble plus petit de moitié environ que celui de l'entrée dans le ventricule gauche. Ça peut arriver, mais pas dans des proportions aussi importantes.

Mon assistant finit l'autopsie du crâne tandis que je cherche toujours le projectile dans la cavité thoracique droite, sans le trouver. Je vérifie toutes les côtes, tous les espaces intercostaux, la colonne vertébrale, les attaches des côtes sur la colonne vertébrale, rien. Nous sortons, à la louche calibrée, les caillots de sang qui remplissent la cavité pleurale, ce qui nous permet d'en mesurer le volume. J'espère qu'en extravasant ces caillots, nous n'avons pas emporté le projectile sans le voir. Et me voilà en train de détruire tous les caillots de sang, de vérifier l'orifice d'écoulement de la table d'autopsie qui n'a, malheureusement pas de grille, donc aucune possibilité de retenir un objet de petite taille comme un projectile. Pas question d'utiliser un détecteur de métaux, car toute la table est en métal. Les employés des pompes funèbres chez lesquelles je réalise l'autopsie ont la gentillesse de démonter le système d'écoulement de la table d'autopsie en espérant retrouver le projectile dans le siphon, sans succès.

Le mystère reste entier lorsque l'un des policiers avance une théorie qu'il a vue dans un film de la série *Les Experts*, où le projectile utilisé était constitué d'un glaçon qui, après avoir percé les tissus, s'y est dissous sous l'effet de la chaleur et a disparu. Il la raconte sur le ton de la plaisanterie, car ces séries américaines ne sont pas à une erreur ou une approximation scientifique près, mais ça me rappelle une histoire similaire qui est arrivée à l'une des médecins légistes ayant assuré ma formation et qui jouissait depuis quelques années d'une retraite bien méritée. Cette consœur, Bernadette, était très amusante, très sérieuse dans son travail, mais toujours prête à rire, et avait toujours une histoire à nous raconter. Parmi celles-ci, il y avait celle où, dans des circonstances similaires, elle avait pensé à un meurtre par arme à feu, mais sans parvenir à retrouver le projectile. La table d'autopsie avait également été démontée, des parties du corps avaient même été transportées pour être radiographiées dans un hôpital proche, sans succès.

Un trou, c'est un trou. Il peut avoir été produit par n'importe quel objet pointu et, dans le cas qui nous occupe, de section circulaire. Ce qui nous a fait penser à un passage de projectile, c'est le fait qu'une collerette érosive entoure cet orifice, typique des tirs par arme à feu. Mais, en fait, la collerette érosive n'est jamais que le témoin d'un frottement intense à hauteur de la périphérie de l'orifice par l'objet qui pénètre. S'il se remarque de manière systématique dans le cas du passage d'un projectile, il pourrait se voir également avec n'importe quel objet qui serait plongé dans le corps avec une vitesse suffisante. Je l'ai déjà vu dans le contexte de pénétration du thorax par un tournevis ou par une paire de ciseaux fermée enfoncée dans le thorax à coups de pied.

Dans l'histoire de Bernadette, l'arme du crime était un pic à glace. Je retourne donc sur place avec le labo, nous brisons les scellés déjà posés sur la porte d'entrée de la maison, pénétrons dans la pièce où le corps a été trouvé et... miracle, sur une petite table de cette pièce, le pic à glace nous attend, à côté du seau à champagne et du bac à glace. Le labo le saisit avec beaucoup de précautions, le place dans un contenant prévu à cet effet pour pouvoir manipuler les pièces à conviction sans risquer de les altérer. Sur la partie pointue de ce pic à glace, on voit de minuscules traces qui pourraient être du sang, tandis que l'on espère qu'il y aura des empreintes digitales sur le manche.

Pour moi, le job est fini, pour Jean, il n'a en fait jamais commencé. Le labo va poursuivre ses investigations qui permettront de révéler qu'il s'agit bien de sang sur la pointe du pic et l'analyse ADN montrera qu'il s'agit de celui de Roméo. Sur le manche, il y a effectivement des empreintes digitales, partielles, mais suffisamment probantes pour identifier la bonne Juliette parmi les trois pouvant être suspectées. Roméo est décidément mort en bonne santé.

La Juliette confondue est une femme mariée et très jalouse. Elle a guetté Roméo, car elle pensait bien qu'il n'était pas d'une fidélité à toute épreuve. Elle n'avait rien constaté durant ses surveillances, ce qui l'avait rassurée, mais lors de sa visite chez Roméo le soir fatidique, elle est passée par la salle de bain et y a trouvé une petite bouteille de parfum féminin qui ne lui appartenait pas.

J'ai toujours été étonné de cette capacité inouïe que les hommes n'ont pas. Lorsque vous recevez une femme chez vous pour la nuit, au bout d'un jour ou deux, il y aura toujours un objet très discret déposé chez vous dans votre salle de bains ou ailleurs. Vous ne l'avez pas vu et vous ne le verrez d'ailleurs jamais même en cherchant. Mais recevez une autre femme dans les mêmes conditions, elle le trouvera et saura d'instinct qu'il n'est pas de votre ex-femme dont vous venez de vous séparer. Vous êtes cuit ! J'ai toujours admiré cette capacité inouïe surtout depuis que je n'en fais plus les frais.

Elle est entrée dans une colère noire. Roméo a tenté de se défendre en prétendant qu'elle était à son ex-femme, mais sans succès. Il a ensuite dit que cela n'avait pas d'importance s'il rencontrait d'autres femmes puisqu'elle avait bien son mari. Sous la colère de se sentir ainsi bafouée, Juliette a saisi le pic à glace qui se trouvait à côté d'elle et le lui a planté dans le thorax gauche. Elle l'a ensuite redéposé à l'endroit où elle l'avait pris sans le nettoyer et est partie.

Sharon, sors de ce corps !

La main au collet

Parmi les pathologies médico-légales les plus difficiles à évaluer, on trouve nécessairement les asphyxies. Le mot asphyxie vient du grec et signifie « arrêt du pouls ». Selon cette traduction, toute mort serait une asphyxie et c'est parfaitement vrai, puisque la mort se caractérise par un arrêt prolongé du cœur qui entraîne la mort des cellules cérébrales par privation d'oxygène suivie d'un œdème du cerveau qui, même si le cœur repartait, empêcherait le sang de passer dans la boîte crânienne et d'irriguer le cerveau tant la place prise par celui-ci est importante. Ce qui permet d'ailleurs de signifier la mort physiologique d'une personne sur laquelle on voudrait prélever des organes, c'est l'arrêt, à l'angiographie cérébrale, de la perfusion sanguine du cerveau. Il arrive que, dans ces cas-là, le cœur batte toujours, les organes sont irrigués, mais le cerveau est mort. C'est la condition nécessaire pour qu'un prélèvement d'organes puisse être réalisé dans les conditions légales.

Il y a des asphyxies de toutes sortes que de nombreux auteurs ont classées en diverses catégories pour en faciliter l'approche, mais ce qui est important, en médecine légale, c'est de vérifier si l'asphyxie est naturelle, engendrée par l'organisme lui-même, ou si elle est due à l'intervention d'un agent extérieur, qu'il soit du fait de la personne elle-même, d'un tiers ou d'un accident sans mise en cause de tiers.

La mise au point d'un diagnostic d'asphyxie sur le plan médico-légal est très difficile et fait l'objet, le plus souvent, d'un diagnostic d'exclusion, c'est-à-dire qu'on ne peut l'affirmer qu'en l'absence d'une autre cause de décès. C'est, notamment, pour ce motif, comme je l'ai déjà écrit plus avant, qu'une autopsie doit toujours être complète de façon à démontrer de façon certaine qu'aucune autre cause de décès ne peut être suspectée.

D'autre part, j'ai déjà connu plusieurs cas où, avec très peu de lésions dans le cou, une personne était décédée de strangulation manuelle tandis qu'une autre, avec un cortège de lésions de démonstration dans le cou, était vivante et me parlait. Il n'existe, de fait, aucune relation à établir entre l'importance des lésions relevées et la survenue du décès.

Dans un tel contexte, le diagnostic de décès par strangulation manuelle, par exemple, ne peut être qu'un diagnostic d'exclusion puisque l'importance des lésions ne peut signifier avec certitude que la mort est due à ce fait. Les lésions observées signifient bien qu'il y a eu une agression, mais pas nécessairement que cette agression a engendré le décès. Dans ces conditions, l'autopsie est indispensable pour vérifier l'ampleur des lésions, mais aussi pour démontrer que ces lésions sont bien à l'origine de la seule cause de décès possible. Mais l'autopsie n'est pas suffisante. Il faut encore recourir à l'analyse toxicologique des prélèvements de sang, d'urine, de foie et de reins, voire du contenu stomacal et des cheveux afin de vérifier que cette personne n'a pas pris ou reçu des médicaments susceptibles d'engendrer une asphyxie par dépression respiratoire mortelle. Ce sont tous les suicides ou accidents engendrés par la prise de médicaments comme des benzodiazépines, ces médicaments qui sont régulièrement prescrits pour lutter contre les troubles du sommeil. Régulièrement, la toxicologie est l'étape qui peut faire basculer tout le dossier.

Pour ne pas faciliter les choses, les services de secours interviennent régulièrement avant nous, laissant ou produisant des traces que l'on pourrait interpréter de manière fallacieuse si nous n'étions pas au courant des actes qu'ils ont posés ou de leur intervention.

On le voit, l'évaluation du décès par asphyxie est extrêmement complexe et doit faire l'objet de toutes les précautions.

Dans un tel contexte, il est très facile de se planter. Dans une affaire où un homme est suspecté d'avoir tué sa femme par strangulation manuelle, je ne suis pas descendu sur place, je n'ai pas fait ni assisté à l'autopsie et on me demande mon avis sur la base de photographies. Le corps présente quelques lésions anodines, mais surtout une infiltration hémorragique en arrière du larynx. Cette lésion peut avoir été causée par une pression haute sur le cou autant que par le passage du tube trachéal mis en place par le réanimateur lors de l'intubation de la victime. Quand on voit les dégâts que ces tubes sont capables de causer, notamment aux cordes vocales, nul doute qu'ils puissent être traumatisants. Il s'agit, en fait, d'un instrument que nous qualifions de « contondant », c'est-à-dire capable de créer des ecchymoses, des hématomes ou des déchirures. L'intervention active des services de secours est un phénomène récent qui a conduit une équipe médico-légale allemande à réaliser diverses études très intéressantes en conclusion desquelles l'intervention des services de secours peut être considérée comme notre ennemi lorsque la victime est décédée par asphyxie. Dans le cas que je vous raconte, si l'on prend l'intervention des services de secours en compte, la version de l'accusé tient parfaitement la route, d'autant plus que le toxicologue s'est ravisé en signalant que, tout compte fait, les médicaments et autres toxiques découverts dans le corps de la victime au moment de son décès pouvaient, à eux seuls, causer la mort.

Dans ces contextes, nous avons deux ennemis principaux : les services de réanimation et la putréfaction, et pour deux motifs très différents. Les services de réanimation parce qu'ils causent des lésions qui pourraient être interprétées comme dues à l'action d'un tiers, et la putréfaction parce qu'elle efface les lésions qui nous permettraient de diagnostiquer l'asphyxie.

Je ne compte plus le nombre de pendus, de noyés ni de suicidés par prise de médicaments que j'ai examinés. Il s'agit là des trois causes les plus fréquentes de décès par asphyxie. Les pendus sont souvent masculins, les suicidés par médicaments sont le plus souvent féminins tandis que les noyés ne sont pas genrés. Nous avons déjà parlé des pendus et nous allons encore parler de noyés, je n'en parlerai donc pas dans ce chapitre.

Mourir par ingestion de médicaments n'est pas chose aisée, contrairement à ce que l'on pourrait croire. Rares sont ceux qui y arrivent vraiment. Je ne donnerai pas les recettes nécessaires à la réussite de tels actes, bien entendu, mais ce n'est pas facile du tout. Il est vrai que la prise de médicaments est plus souvent un appel à l'aide de la part de son auteur que l'expression d'une véritable volonté de mourir, mais il arrive que certains se ratent et meurent.

J'ai eu à expertiser l'histoire d'une mère qui avait été abandonnée par son mari alors qu'elle avait un enfant de 2 ans, Justine. Cela faisait un moment que cela n'allait pas bien dans le couple et, de leur aveu, ils avaient fait cet enfant pour tenter de ressouder leurs liens, ce qui n'est jamais une bonne idée, un enfant n'est pas un médicament. Et ce qui devait arriver est arrivé : Jean-Frédéric a quitté Anne-Sophie pour trouver l'amour auprès d'une autre femme. Anne-Sophie est alors tombée dans une dépression profonde qui l'a motivée à consulter son médecin, lequel lui a prescrit des médicaments contre la dépression, mais aussi pour dormir.

Dans un moment de grande détresse psychique confinant à la mélancolie, Anne-Sophie a donné de ses médicaments à son enfant, Justine, avant de se raviser et de faire appel aux services de secours. L'ambulance a conduit Justine aux urgences d'un hôpital où Anne-Sophie a expliqué à l'urgentiste ce qu'elle avait fait et qu'elle regrettait amèrement.

La police, avertie par l'appel aux services de secours, s'est présentée sur place, à l'hôpital, et a procédé à l'arrestation d'Anne-Sophie pour tentative d'infanticide. L'affaire s'est emballée qui a conduit Anne-Sophie devant la cour d'assises. Lors de mon passage à l'audience, à la question de l'avocat de la défense quant à savoir si les jours de Justine avaient été en danger, j'ai répondu par la négative, car Justine était arrivée parfaitement consciente à l'hôpital, que le lavage gastrique avait permis de récupérer la plus grande part des substances ingérées et que, s'agissant de benzodiazépines, il était exceptionnel que l'on en meure. La cour a décidé qu'il s'agissait d'une tentative impossible et Anne-Sophie a été acquittée.

« Elle a pété, Monsieur le juge. » William était connu pour être un gentil garçon. 18 ans, les cheveux en désordre, élancé, mince et beau gars, cavalier émérite, il s'était mis à fréquenter de mauvais garçons qu'il avait rencontrés au hasard des compétitions équestres auxquelles il participait. Avec deux d'entre eux, il avait monté un coup. Ils attendraient leur victime dans le hall d'entrée de l'immeuble, la suivraient dans l'ascenseur et, sous la menace, la contraindraient à ouvrir son appartement pour la cambrioler. Tout se passait bien jusqu'à ce que, devant l'entrée de l'appartement, William et ses deux complices menacent la dame qui s'était mise à crier. William lui avait mis la main devant la bouche tandis que les complices s'emparaient des clés et ouvraient la porte, ce qui avait permis à William de la pousser dans son appartement, de la plaquer au sol de son hall d'entrée tout en maintenant sa main devant sa bouche et son nez. À un moment donné, il a entendu qu'elle émettait un gaz puis elle n'a plus bougé. William était dégoûté par ce gaz, comment avait-elle pu péter dans une telle situation ? C'est grâce à cet aveu que l'on a pu coincer William et ses complices, car le médecin qui était intervenu sur les lieux avait diagnostiqué une mort naturelle, l'enquête n'avait donc pas démarré. Elle n'avait débuté que bien plus tard, quand ils avaient été coincés pour d'autres faits et qu'ils avaient tout déballé à la police. Cette affaire était mêlée à d'autres que la police avait mis en relation à cause de leur *modus operandi* qui restait invariable, une vraie signature.

L'émission de gaz ou de matières urinaires ou fécales survient fréquemment lors des asphyxies. Il n'est pas rare d'en trouver dans les cas de strangulation et de pendaison. Cette émission de gaz était la preuve que William l'avait tuée par suffocation et il avait servi cette preuve sur un plateau.

C'est d'ailleurs ce phénomène qui est à l'origine d'une croyance populaire, à savoir que le pendu aurait une érection au moment où il se pend. On pourrait même y voir l'origine du fantasme des pendaisons érotiques, ces pendaisons destinées à satisfaire un fantasme sexuel. En fait, le pendu n'a pas d'érection, c'est juste une vaste blague. Par contre, il peut y avoir une évacuation de liquide spermatique si le pendu est bien en position verticale. C'est un phénomène lié au relâchement des sphincters qui se produit naturellement en *post-mortem*, dans les heures qui suivent le décès. Cela survient chez tous les défunts masculins, mais cela ne se voit quasiment que dans les pendaisons, parce que le corps est vertical et que la gravité permet à ce liquide de sortir du corps.

« Allô, Docteur? Pourriez-vous vous rendre rue X, c'est pour une dame qui est décédée et que l'on a retrouvée dans son lit. Comme c'est un couple qui se disputait et que la dame n'avait que la quarantaine, je suis un peu inquiet.»

La police m'attend, de même que le labo qui n'a pas encore débuté ses travaux, car il veut être sûr que cette action est bien nécessaire : en effet, elle va prendre facilement deux heures à deux personnes, mais surtout, le corps a été déplacé par les services de secours, ce qui rend leur action peu pertinente. Marie-Émilie a épousé Xavier dix ans plus tôt, ils ont eu ensemble deux enfants, mais leur couple vacillait depuis un moment au point que la police a dû intervenir par deux fois en un mois pour des coups et blessures échangés entre les deux époux. La situation s'est encore dégradée récemment quand Marie-Émilie a découvert que Xavier avait une maîtresse. Elle n'a pas apprécié et elle a enjoint à Xavier de quitter le domicile pour aller vivre « avec cette traînée ». Il n'a pas obtempéré et n'avait nulle intention de le faire. C'était deux jours plus tôt. Ce matin, en se levant, Xavier est allé chercher le petit-déjeuner chez le boulanger du coin comme tous les dimanches et, à son retour, il a découvert que Marie-Émilie était décédée dans leur lit. Xavier a appelé les services de secours qui ont déplacé le corps pour le mettre à côté du lit et débuté une réanimation qui s'est avérée inutile au bout de quelques minutes. La police a suivi de peu les services de secours. Les policiers les connaissaient bien pour être intervenus la semaine précédente. Marie-Émilie avait alors été conduite à l'hôpital où un constat de coups avait été rédigé.

La maison est parfaitement rangée, tout semblait à sa place, pas une poussière sur les meubles, on dirait une maison dans laquelle on ne vit pas ou une maison témoin pour famille modèle. Le corps de Marie-Émilie se trouve dans sa chambre, au deuxième étage. Ses vêtements sont rangés, correctement pliés au pied du lit.

Les policiers m'expliquent que Marie-Émilie a été trouvée là par les services de secours, couchée sur le dos, en vêtements de nuit, couverte par une couette jusqu'au haut du thorax, les deux bras sous le duvet.

Avant de toucher au corps, je constate une tache importante d'urine sous le corps. Lorsque la mort est franchement suspecte, comme c'est le cas de Marie-Émilie, mais qu'il est indispensable de s'en assurer avant de mettre en branle toute l'artillerie (magistrats, police judiciaire), le médecin légiste est amené à réaliser son examen pas à pas. En fait, je peux déjà m'arrêter là, car la trace d'urine est, à elle seule, suffisamment troublante pour déclencher la mise en place de la scène de crime : sa présence suggère un syndrome asphyxique. Je vais néanmoins un tantinet plus loin, d'abord juste avec les yeux pour constater une superbe cyanose qui témoigne d'une asphyxie, puis relever l'absence de pétéchies, ce qui met vraisemblablement hors jeu une striction[4] du cou à la main ou au lien. Puis je pose mes doigts sur ses lèvres pour les soulever et constate des ecchymoses à la face interne des lèvres.

---

4 Action d'enserrer, d'effectuer une constriction.

C'en est fait. Reste à effectuer une autopsie et une analyse toxicologique pour exclure toute autre cause, mais, si ces deux examens reviennent négatifs, il s'agit d'une mort par suffocation. L'auteur doit avoir placé un coussin, un oreiller ou n'importe quelle autre structure plutôt molle sur la bouche de Marie-Émilie et sur son nez, causant une asphyxie à l'origine de la cyanose et du relâchement du sphincter de la vessie.

La descente criminelle est requise, l'enquête se déroule sur les chapeaux de roue et Xavier avoue tout. Il faut dire qu'il était coincé dans la mesure où le meurtre est avéré et qu'il n'y avait que lui pour pouvoir le commettre dans de telles conditions !

Les lésions qui m'ont conduit au diagnostic sont minimes, mais elles sont franchement déterminantes. Elles seraient vraisemblablement passées inaperçues pour tout médecin qui n'est pas légiste, et c'est bien normal.

À trop parler

Fin de journée de travail, vers 17 heures. Depuis que les bistrots existent, des hommes s'y retrouvent. J'ai toujours trouvé particulier qu'il n'y ait que les hommes à avoir cette pratique.

« Bistrot ». C'est un mot qui nous viendrait de l'occupation de Paris par les troupes cosaques en 1814 et dont la traduction en français est « vite ». N'ayant que peu de temps libre, les soldats d'occupation lançaient au patron du café cette injonction de leur apporter rapidement la boisson qu'ils avaient commandée. Cette étymologie est discutée, mais elle me plaît bien. Si vous vous rendez à Montmartre, à Paris, sur la place du Tertre, vous y verrez un restaurant, « Chez la Mère Catherine », sur la façade rouge de laquelle une plaque rappelle cet événement. Elle a été placée pour célébrer le 180e anniversaire de la découverte de ce mot par les Parisiens.

Claude est là, comme tous les jours et même plus souvent que d'habitude depuis le décès de son épouse. Pauvre Claude, en rentrant chez lui de sa journée de travail, il l'a trouvée décédée d'un coup de feu en pleine bouche avec l'arme qu'il cachait depuis des années dans le tiroir de sa table de nuit, une vieille arme qui avait appartenu à son père et qu'il n'avait jamais déclarée.

Il avait aussitôt prévenu le 112 et avait fait tout ce que la personne qui avait reçu son appel lui disait, il lui avait pris le pouls et, comme il n'était pas sûr de le sentir, avait couché la victime au sol et avait débuté le massage cardiaque. Il était tout affairé à la masser quand le SAMU était arrivé. Avec le SAMU, c'est carrément un morceau de l'hôpital qui arrive, médecin, infirmier, conducteur du véhicule puis deux ambulanciers avec un matériel imposant. Ils avaient tenté de la ranimer, mais sans succès. La police était aussi arrivée, Claude ne les avait pas vus.

Le médecin du SAMU avait bien rempli un document constatant le décès, mais pas le modèle IIIC, seul document utile et valable pour constater efficacement un décès et qui doit impérativement être rempli par un médecin. Le médecin du SAMU avait refusé en disant que, s'agissant d'une mort violente, ce n'était pas de son ressort, mais de celui du médecin légiste, ce qui est très vrai.

Mais les policiers, plutôt que de devoir attendre un médecin légiste qui allait mettre une bonne heure à arriver alors que tout était clair, avaient demandé à un médecin, voisin de Claude, de remplir ce document. Le médecin était passé, avait vu le corps sans le déshabiller et, voyant qu'il saignait du nez, en avait déduit que le projectile était passé par la bouche, fracturant la base du crâne, cause du saignement de nez, le tout sans mettre de doigt dans la bouche pour vérifier son hypothèse.

Restait à téléphoner au substitut du procureur qui, pleinement rassuré par les explications policières, avait décidé de « laisser le corps à la famille », selon l'expression consacrée, ce qui signifie que l'enquête est terminée et que les PV doivent être sur son bureau dès le lendemain.

Depuis le jour où il a repris le travail, Claude passe au café chaque soir, où il consomme de plus en plus. Il n'y a plus personne à la maison qui l'attend, plus personne qui lui fera éventuellement remarquer qu'il est un peu tard et qu'il a un peu bu.

« Mais ce n'est pas de l'alcool, c'est de la bière. » Combien de fois n'ai-je pas entendu cette réflexion chez des alcooliques profonds à l'obésité tronculaire manifeste ? L'obésité tronculaire, c'est le terme que les médecins utilisent pour désigner le ventre pansu, voire énorme, la bien nommée « panse à bière », planté sur deux jambes de type bois d'allumettes, typique du buveur de bière.

Claude est au comptoir, il discute avec un autre compagnon d'infortune, buvant bière sur bière, lorsque Paul entre dans le café. Paul a eu une journée pénible et a encore deux heures à tuer avant d'aller rechercher sa fille cadette à la piscine, juste en face. Il a décidé d'aller boire une bière, il l'a bien méritée.

Les gens peuvent être casse-pieds, surtout quand ils se plaignent pour des queues de cerise. Et aujourd'hui, ça a été le pompon, entre le monsieur qui se plaignait que son voisin pisse sur sa clôture et cette dame qui se plaignait que le chien du voisin fasse ses besoins sur son trottoir, que d'histoires passionnantes. Paul est policier et aujourd'hui, il a été de faction à l'accueil, une vraie cour des miracles. Il a laissé son uniforme au poste avant d'accompagner sa petite à son cours de natation synchronisée.

Paul s'installe au comptoir, commande sa bière et se met à la consommer lentement lorsqu'il entend distraitement la conversation de Claude. Ils ne se connaissent pas. Claude, déjà bien éméché, parle avec son voisin. La femme de Claude est morte, quelle tristesse, « comment fais-tu pour survivre à un tel drame ? » La discussion classique du veuvage.

Puis Claude, avec l'assurance que procure l'alcoolisation, certain que l'homme qui est en face de lui est un ami, c'est fou ce que le nombre de nos amis augmente avec le taux d'alcool, se met à lui raconter qu'il a berné tout le monde, car, en fait, c'est lui qui a tué sa femme alors qu'elle était assise dans son fauteuil à regarder la télévision. « Elle n'a rien senti, je suis arrivé par-derrière et elle ne m'a même pas vu. »

Paul pourrait se dire que c'est une discussion d'ivrognes et en rester là, mais Paul est un bon flic, consciencieux et réputé pour l'être. Discrètement, il demande au patron qui est cet homme qui a perdu sa femme. Les patrons de café connaissent bien leurs clients réguliers et ils en savent, en général, bien plus que leurs femmes elles-mêmes. Paul est perturbé. Et si c'était vrai ? Il va en parler au commissaire, un homme sage, il saura quoi faire. Paul ne passe pas une très bonne nuit et le lendemain, il en parle au commissaire qui, après une brève recherche, retrouve le PV des policiers qui sont intervenus en même temps que les services de secours. Il les convoque.

Ces premiers intervenants, comme nous les appelons, racontent leurs constatations : un mari effondré, un médecin généraliste qui détermine que le coup de feu est entré par la bouche et sorti par l'arrière du crâne, un suicide banal comme tant d'autres. Oui, mais il y a le mari qui avoue l'avoir tuée, sous alcool, certes, mais l'alcool délie parfois les langues autant qu'il peut provoquer l'affabulation. Le commissaire décide de prévenir le substitut du procureur de garde qui, lui, prend tout de suite l'affaire au sérieux, tant et si bien qu'il saisit le juge d'instruction.

« Allô, Docteur ? J'ai un cas un peu spécial, je vous raconte... » C'est ainsi que je suis requis pour intervenir dans cette affaire. Le juge m'informe que cette dame est décédée depuis environ trois mois et que cela risque de poser problème. Je le rassure, car une balle qui fait un passage transcrânien laisse toujours des traces interprétables des mois, voire des années après et, en tout cas, aussi longtemps que le crâne n'a pas été détruit par la putréfaction, ce qui varie entre deux ans et l'éternité.

Rassuré, le juge fait exhumer le corps. Enterré à 1,5 à 2 mètres de profondeur, le cercueil est un peu cassé, ils le sont tous à cause du poids de la terre qui les écrase. Les pompes funèbres, dont le cœur est au moins aussi bien accroché que le nôtre, ouvrent le cercueil, en extraient le corps, qu'il soit encore ou non enveloppé dans la gaine composée d'un plastique spécial qui se dissout dans la terre.

Le tout est déposé sur la table d'autopsie, puis nous ouvrons la gaine dont nous sortons le corps. Dans un premier temps, il faut déshabiller le corps pour pouvoir l'examiner correctement. Celui-ci marque une putréfaction classique pour trois mois de séjour sous terre, mais l'orifice d'entrée du projectile reste toujours bien visible. Il se trouve en région occipitale droite, c'est-à-dire en partie postérieure de la tête. La putréfaction a fait son œuvre et je ne reconnais plus aucune caractéristique d'un orifice d'entrée ou de sortie.

Je me mets en quête d'autres lésions sans en trouver aucune et, principalement, je cherche un autre orifice en inspectant le crâne sous toutes ses coutures sans en trouver aucun. En particulier, je vérifie le palais osseux, c'est-à-dire le plafond de la bouche.

Le palais osseux n'est accessible que par la palpation, sinon par l'autopsie, mais je ne l'ai pas encore commencée. À la palpation, je ne perçois pas d'orifice, ce qui est possible non seulement à cause de la putréfaction, mais aussi à cause de mes gants un peu trop épais, plus épais que ceux que je porte d'habitude pour les cadavres frais, et encore à cause du petit calibre utilisé, un calibre 22 qui réalise des orifices très petits, soit un peu moins de 6 mm de diamètre.

Le palais osseux semble intact, ce qui laisse supposer qu'il n'y a eu aucune entrée de projectile par la bouche. Si ce constat se vérifie, cela signifie nécessairement que l'orifice crânien, le seul visible, est un orifice d'entrée. Dans ces conditions, la balle doit toujours être dans le crâne.

Pour le savoir, avant d'ouvrir la boîte crânienne, je préfère lui faire passer une radioscopie, une technique qui permet de voir, sur un écran, l'image radiographique sans devoir faire de cliché. Nous avons un appareil de radiographie en salle d'autopsie, ce qui nous permet d'éviter de devoir transporter les corps jusqu'à un hôpital, d'autant plus que je ne connais aucun hôpital qui accepterait de faire des radiographies d'un corps putréfié, surtout à cause de l'odeur persistante.

Je pratique toujours ainsi : d'abord vérifier par la radioscopie la présence de projectiles, identifier l'endroit où ils se trouvent puis aller les y rechercher ensuite. C'est beaucoup plus simple que d'y aller à l'aveugle. On imagine toujours que, comme dans les dessins animés, un projectile entre et sort sinon en créant un tunnel, du moins en traçant une trajectoire bien rectiligne, toujours bien repérable.

Eh bien, détrompez-vous ! Croyez mon expérience : vous avez intérêt à savoir où le projectile se trouve, au risque soit de ne pas le trouver facilement, soit, dans le cas de coups de feu multiples, de le rater tout simplement. Dans un corps, un projectile, selon sa nature et sa vitesse, peut avoir une trajectoire parfois surprenante, surtout s'il est dévié par un os.

Dans le cas des tirs multiples, c'est toujours un vrai casse-tête de reconstituer des trajectoires précises et de déterminer quel orifice d'entrée va avec quel orifice de sortie ou avec quelle balle encore présente dans le corps.

Je lance mon appareil de radioscopie, je l'axe sur le crâne et là, bingo, un projectile est parfaitement visible dans la boîte crânienne, juste au-dessus de l'œil gauche. La solution est là. L'orifice de projectile occipital droit ne peut plus être qu'une entrée et non pas une sortie, comme l'a estimé le médecin. Et une entrée occipitale n'est pas franchement compatible avec un suicide. Qui irait mettre son arme quasiment dans la nuque pour se suicider?

Quant au saignement de nez qui a induit en erreur le médecin qui a signé le certificat de décès, l'autopsie montre que, sur sa trajectoire, le projectile a fracturé la base du crâne, occasionnant le saignement de nez qui lui a laissé croire que le projectile était passé par la bouche.

En médecine légale, il ne s'agit pas de croire, tout le monde en est capable, mais de démontrer, ce qui justifie notre spécialisation.

Pour moi, c'est terminé, il reste à faire l'autopsie au cas où d'autres lésions seraient présentes, telles que des coups ou des traces de maintien, et pour permettre de récupérer le projectile, indispensable pour l'étude balistique qui doit être faite.

Et voilà pourquoi Claude aurait mieux fait de ne pas tant boire et surtout de ne pas parler. Le meurtre aurait été parfait. Ce genre de situation est amusante quand on la lit dans un ouvrage comme celui-ci. Elle est déjà nettement moins sympathique quand on imagine qu'un meurtre aurait pu « passer au bleu » parce que les moyens nécessaires n'ont pas été développés dès le départ.

Il ne faut pas en vouloir aux policiers, car il n'existe pas de directive ministérielle qui ordonne l'examen systématique de tous les corps décédés de mort violente. On pourrait s'étonner du fait que le ministère de la Justice n'est pas à la pointe en ce qui concerne la recherche de meurtres qui passeraient plus facilement inaperçus sans l'intervention d'un médecin légiste. Le ministère de la Justice préfère faire porter le chapeau aux médecins généralistes et autres médecins de garde qui se trouvent face à un cadavre et dont ce n'est nullement la spécialité que de les examiner. On ne pourrait d'ailleurs pas reprocher à un médecin généraliste d'avoir raté un meurtre quand celui-ci n'est pas évident, car ce n'est pas sa spécialité.

« On ne fait bien que ce que l'on fait d'habitude », ai-je coutume de dire. Ne me demandez pas de soigner un malade pour quelque maladie que ce soit, je ne suis plus compétent puisque cela fait plus de trente ans que ma pratique se borne à des expertises sur vivants et à examiner des morts, trente ans que je ne soigne plus.

Il y a quelques années, j'ai prescrit un médicament à mes parents. Le pharmacien m'a ensuite téléphoné pour me dire qu'il n'existait plus depuis plus de quinze ans. Ce n'est plus mon métier de soigner, comme ce n'est pas celui d'un médecin de garde, généraliste ou pas, d'examiner un corps.

Je m'en suis largement ouvert, à plus d'une époque, aux gens du ministère de la Justice. J'ai juste perdu mon temps. La logique de ce ministère n'est pas une logique de justice, mais une logique financière, à tel point que je me suis entendu dire, alors que je venais d'expliquer que nous pourrions découvrir pas mal de meurtres qui, autrement, passeraient inaperçus, ce qui, dans un état de droit, n'est guère favorable : « Mais, Monsieur Boxho, nos prisons sont pleines ! »

Le complot des femmes

« Ma tante a tué mon oncle. » C'est par ces mots que débute la déposition de Teresa. Teresa est une petite femme d'origine italienne dont les parents sont venus habiter en Belgique alors qu'elle n'était pas encore née. Plus tard, la dernière sœur de son père, Filomena, que ses grands-parents ont eue tardivement, les a rejoints et c'est sa mère qui les a élevées ensemble. À deux ans près, elles ont le même âge. Élevées comme des sœurs, elles partagent tout, et la vie ne les a pas séparées puisqu'elles sont quasiment voisines. Mariée dans un premier temps, Teresa s'est retrouvée seule après que son mari l'a quittée pour une autre femme, une de ses amies. Elle n'a rien vu venir. Filomena a toujours été là pour elle, dans cette période pénible comme dans toutes les autres, elle qui, à l'inverse, aurait tant souhaité que son mari parte avec une autre.

Mais qui aurait pu vouloir de son mari ? Mario était un bel italien, gentil, attentionné qu'elle avait rencontré quinze ans plus tôt lors d'un bal de quartier. Il voulait fonder une famille, avoir des enfants, l'homme idéal du point de vue de Filomena, un brin ennuyeux selon Teresa. Six mois après leur rencontre, Filomena et Mario ont décidé d'unir leurs destinées pour le meilleur et pour le pire, selon la formule consacrée. Le meilleur a passé vite puis le pire s'est présenté. Ils n'ont pas pu avoir d'enfants, une déficience de Mario selon les médecins, irrémédiable même avec la Fivete. Quelle déception pour eux ! Ils ont envisagé l'adoption durant un temps puis ont renoncé devant les difficultés administratives qui leur ont paru insurmontables. Mario s'en est voulu, cette déficience altérait de manière permanente sa virilité. Et Filomena était là pour le lui rappeler à chaque occasion, à chaque dispute. Et il y en avait, des disputes, elles devenaient même de plus en plus fréquentes. Mario a alors commencé à ne plus prendre soin de lui, à se laisser aller. Il compensait son désespoir en mangeant. Il mangeait trop et trop sucré, raffolant de ces friandises que l'on trouve bien exposées devant les caisses des supermarchés. Pas besoin de les chercher, elles sont là qui nous attendent dès qu'on passe à la caisse, une véritable incitation à la malbouffe.

Mario est devenu obèse, lui qui avait été si bel homme. Le médecin du travail lui a fait une prise de sang qui avait montré qu'il souffrait d'un diabète débutant et qu'il devait consulter son médecin généraliste. Diabétique, le mot sonnait comme une sanction pour toutes ces années de malbouffe et d'abus de sucreries. « Ça devait arriver, avec tout ce que tu manges comme crasses », lui a hurlé Filomena comme elle savait si bien le faire. Mario n'avait pas de médecin généraliste et c'est Filomena qui lui a trouvé le docteur Patrick, recommandé par des voisins qui en étaient très contents.

Filomena a pris rendez-vous pour Mario chez le docteur Patrick et a décidé de l'accompagner. Elle voulait être bien certaine que Mario n'allait pas édulcorer la vérité quant à ses conduites alimentaires. Le docteur Patrick était un homme charmant, sympathique, ce n'était pas un bel homme, mais il avait un charme fou. Filomena a mis un moment pour se remettre lorsqu'elle l'a vu. Il lui avait « tapé dans l'œil », comme elle le dirait plus tard. Filomena parlait à la place de Mario et n'a rien oublié de mentionner au docteur. Si Mario a eu l'occasion de placer trois mots, c'était beaucoup. En médecine, on connaît bien ces épouses qui deviennent plus vite la mère de leur mari que leur maîtresse. On pose une question au mari et c'est la femme qui répond. La plupart du temps, le mari n'a même pas esquissé de réponse, trop habitué à ce que sa femme le fasse pour lui. Ça m'a toujours donné l'impression de faire de la médecine vétérinaire. « Alors, mon chienchien, qu'est-ce qui t'arrive ? » demande le vétérinaire en caressant le chien pour l'amadouer et c'est le maître qui répond, bien évidemment. C'est la même chose avec des couples comme celui de Mario et Filomena. Pire, il y a des épouses qui enjoignent au mari de se taire, on atteint parfois de vrais sommets! Mario en est sorti avec une nouvelle prise de sang à réaliser et Filomena avec un gros coup de cœur pour le docteur Patrick. Elle l'a décidé : elle le reverrait!

Filomena a alors débuté une vraie enquête policière. D'abord via Facebook. Il est vrai que Facebook est une mine de renseignements, pas seulement pour Filomena, mais aussi pour le fisc qui peut vérifier votre train de vie, vos vacances, pour votre employeur qui voudrait vérifier si vous êtes vraiment aussi malade que vous le prétendez. À une époque où on n'a jamais autant parlé du respect de la vie privée, Facebook pourrait passer pour un site de voyeurs et d'exhibitionnistes qui nagent à contre-courant.

Sur Facebook, Filomena a découvert des photos de vacances et a trouvé qu'il n'était pas mal en maillot de bain, avec son petit ventre débutant de la quarantaine. Il n'y avait pas de photos de femme ni d'enfants, Filomena en a déduit qu'il était célibataire sans enfant, ce qui ne l'a pas rassurée. Un célibataire sans enfant à 40 ans ne témoigne pas d'une personnalité parfaitement épanouie, pensait-elle, mais tant pis, elle a décidé que, la semaine suivante, elle irait le consulter pour des maux de tête qui n'existent pas. Combien de fois n'a-t-elle pas dit à Mario qu'elle avait mal à la tête pour éviter ses avances? Pour une fois, ses faux maux de tête serviraient à susciter des avances.

Pour se rendre à la consultation, Filomena s'est habillée d'une jupe plutôt courte qui dévoilait des jambes encore très belles et un top moulant qui ferait passer son B pour un vrai C. Elle est très jolie et, pour une fois, la première depuis longtemps, elle allait le montrer. Mario, vautré devant sa télévision au moment où Filomena s'en allait, n'a rien remarqué du tout. La consultation s'est très bien passée, le docteur lui a souri tout le temps et Filomena a même eu l'impression qu'il la gardait plus longtemps que les deux patients qui l'avaient précédée. Il faut dire que Filomena était arrivée largement en avance au rendez-vous que lui avait fixé la secrétaire du médecin. Il l'a examinée. Quand il a posé les mains sur son abdomen, elle a eu un léger tressaillement, elle espérait que cela ne s'était pas vu. Ses mains étaient chaudes et sèches, tellement douces comparées aux mains de travailleur manuel de son mari. À la fin de l'examen, le médecin lui a dit qu'elle n'avait rien de grave, ce qui ne l'a pas surprise puisqu'elle n'avait, en fait, rien du tout. Il lui a prescrit des antidouleurs et de passer une IRM cérébrale vu qu'elle lui avait déclaré que les maux de tête allaient en s'aggravant depuis un bon mois. Une bonne idée, cette IRM, car elle lui donnait une excellente excuse pour revenir voir le médecin, mais ça allait être long. On ne passe pas une IRM comme on passe une radiographie, il y a une liste d'attente et Filomena ne connaissait personne qui pourrait la faire passer en urgence. Urgence, en voilà une bonne idée ! Filomena s'est présentée aux urgences, prétextant un mal de tête terrible, elle avait déjà consulté son médecin qui lui avait prescrit une IRM, mais elle n'avait pas encore pu la passer vu les très longs délais. Qu'à cela ne tienne, le médecin des urgences s'en est occupé. Deux heures plus tard, Filomena était dans la machine. Elle n'avait jamais été aussi contente de passer un examen médical. Le résultat est tombé, formel : elle n'avait rien et pourrait rentrer chez elle dès qu'on lui aurait retiré le baxter d'antidouleurs puissants qui coulait dans son bras. « Mon médecin recevra cet examen ?

Oui, Madame, et vous aussi, voici les codes d'accès. » Le lendemain, Filomena était dans la salle d'attente du médecin, seule. Elle avait choisi le dernier rendez-vous de la journée et espérait qu'aucun autre patient ni aucune urgence ne viendrait après elle.

Jeans moulant et chemisier de même nature, elle est entrée dans le cabinet. Cette fois, le médecin l'a remarquée, elle l'a vu dans ses yeux, elle lui plaisait. Toutes les conditions étaient réunies, elle le voulait, elle lui plaisait, il n'y avait plus de patient après elle et la secrétaire était partie, ils étaient seuls au monde. Pas question de foirer le coup. Le médecin s'est approché d'elle pour l'ausculter et lui faisait face. Le cœur de Filomena était prêt à se rompre sous la pression et les battements de plus en plus violents. Il a posé son stéthoscope sur sa peau, elle sentait la chaleur de sa main qui, pourtant, ne la touchait pas. Filomena n'en pouvait plus et, de ses mains, elle lui a attrapé la tête par le crâne et la nuque et l'a tiré vers elle, leurs lèvres sont entrées en contact, elle l'a embrassé. Passée la surprise, Patrick, dont le premier mouvement avait été de reculer, s'est laissé faire et même s'est enhardi à lui mettre la main sur le sein, Filomena était au comble de la joie. Elle en voulait plus, lui aussi, la table d'examen était là, elle allait servir.

C'est comme cela que tout a commencé. De ce qui aurait pu n'être qu'une passade est né un réel amour qui unissait les deux amants. Seul obstacle dans le tableau : Mario. Pendant tout un temps, se voir après les consultations avait paru une bonne solution, mais celle-ci ne pouvait pas s'inscrire dans la durée. Il fallait trouver le moyen de se voir à d'autres moments, d'aller au restaurant, au cinéma, en voyage. Le manque de liberté de Filomena était d'autant plus pénible que Patrick était libre comme l'air si ce n'était sa patientèle qui pouvait, par moments, être un peu capricieuse. Patrick a envisagé que Filomena pourrait divorcer, mais il n'en était pas question, on ne divorce pas dans la famille très catholique de Filomena. « Alors que faire, Filomena, on ne va pas le tuer, quand même ? » Filomena n'a pas répondu, interdite, elle réfléchissait...

Tout était au point, les derniers détails réglés depuis plusieurs jours déjà, c'était pour ce soir. Les invitations avaient été lancées depuis deux semaines et tous avaient répondu présents, ils seraient huit. Il y aurait les voisins, un couple très gentil, Teresa, un couple d'amis, Mario, Filomena et... Patrick. Filomena avait mis Teresa dans la confidence. Futée, Teresa avait remarqué qu'il y avait un net changement chez Filomena et avait compris qu'il y avait un homme là-dessous. Elle avait poussé Filomena à la confidence sans trop de difficultés, car Filomena mourait d'envie de partager ce bonheur interdit et qui mieux que Teresa, sa nièce, sa sœur, sa confidente de toujours, pour cela? Teresa n'avait pas vu un grand inconvénient à ce que sa tante liquide l'encombrant Mario qui vivait comme une moule sur son support et qui suscitait chez elle le même intérêt que ledit mollusque. Teresa avait même ri en disant que, les moules, au moins on pouvait les manger. Bref, vivant ou mort, ça ne changeait pas grand-chose.

Le fameux soir est arrivé, tout était prêt. L'apéritif a été pris à table. Les filles ont poussé un peu le bouchon en servant du champagne. Du champagne pour fêter la mort de Mario. « Au moins, il en aura profité une dernière fois, on n'est pas méchantes, quand même », a dit Filomena. Après l'apéro est arrivé le plat de résistance, un couscous cuisiné avec amour par les deux femmes et dont les assiettes étaient préparées en cuisine. Il n'y avait aucun plat à table. « Ça fait des taches sur ma nappe blanche », a dit Filomena. C'est en cuisine que les filles ont déposé, dans l'assiette destinée à Mario, un médicament qui avait été fourni par Patrick et destiné à provoquer la mort de Mario à table devant tout le monde. Teresa avait réduit les comprimés en poudre et versé la poudre dans un petit bol bien caché dans une armoire pour éviter les accidents ou que Mario ne tombe dessus. On ne le sortirait qu'au dernier moment. Et il est arrivé, le moment! C'est sans trembler que Teresa a versé une bonne partie de la poudre de médicament dans l'assiette de Mario.

Mario a tout mangé et, contre toute attente, il continuait à vivre. Restait le dessert, un gâteau surmonté de crème fraîche que Filomena avait acheté chez le boulanger le jour même. Elle avait hésité à acheter un dessert, car, après tout, Mario serait mort et plus personne n'aurait le cœur de prendre le dessert. Mais elle avait pensé que cela pourrait paraître suspect que de ne pas en avoir. Elle l'avait donc acheté sans aucune conviction et elle avait bien fait, elle s'en félicitait. Il restait de la poudre de médicament. Teresa a vidé ce qu'il restait sur la part de Mario.

C'est alors qu'est survenu un problème inattendu : la crème fraîche a réagi avec le médicament, elle a pris des reflets verts. La salle à manger avait été équipée par Mario d'un rhéostat qui permettait de réduire la lumière sans l'éteindre. Filomena a réduit la lumière en disant que ce serait plus romantique. Grâce à ce stratagème, personne n'a rien vu, pas même Mario qui a dévoré ce gâteau tout en devisant.

Mario allait se lever pour prendre les digestifs lorsqu'il s'est écroulé, terrassé par une arythmie cardiaque. Patrick a débuté une réanimation sans vraiment réanimer, Teresa a appelé les secours, Filomena était en larmes et ne pouvait se ravoir, les autres convives étaient atterrés et soutenaient la pauvre Filomena. L'ambulance est arrivée, suivie par le SAMU. De vraies manœuvres de réanimation ont été mises en place, mais, au bout de vingt minutes, il a fallu se rendre à l'évidence, Mario était mort. Patrick a rédigé le certificat de décès de mort naturelle.

À l'enterrement, il y avait peu de monde, car Mario n'était guère connu et n'avait aucune vie sociale. Les convives du souper fatidique étaient là qui racontaient aux autres comment les choses s'étaient passées. Tout avait bien fonctionné. Un vrai crime parfait. Mais tous les crimes parfaits ont leurs défauts. Le défaut de celui-ci allait bientôt se manifester sous les traits de Teresa.

Filomena et Patrick sont restés discrets pendant quelques semaines puis on a commencé à les voir ensemble; bientôt, ils ne se sont plus cachés. Tout allait bien entre eux, Filomena vivait désormais chez Patrick qui n'avait aucune envie d'habiter là où avait vécu Mario. Le temps passait, il s'écoulait gentiment jusqu'au jour où Filomena a surpris Patrick qui embrassait Teresa. Elle tombait de haut, Filomena. Elle a crié, hurlé, frappé Patrick, giflé Teresa, elle était déchaînée. Comment avaient-ils pu lui faire cela? Depuis combien de temps est-ce que cela durait?

Avaient-ils déjà commis l'irréparable? Filomena voulait tout savoir. « Quelle leçon as-tu à me donner, toi qui as tué ton mari? », a vociféré Teresa. C'était le coup de trop pour Filomena qui a plongé sur Teresa. Il s'en est suivi une bagarre à coups de poings, de pieds dans les jambes, d'arrachage de cheveux, de morsures, que Patrick a tenté de calmer, sans grand succès.

Le lendemain, Teresa était à la police pour tout déballer en évitant de parler de sa participation ni de celle de Patrick. Soumise à un interrogatoire serré, Filomena s'est chargée de mettre en lumière la participation de Teresa et de Patrick et, comme un boomerang, voilà Teresa sous les verrous avec le médecin. Tous trois ont eu les honneurs de la Cour d'assises.

Dans l'intervalle, nous avons déterré Mario pour l'autopsier. J'ai encore découvert des traces de ce médicament qui l'avait tué et qui ne faisait pas partie de son traitement. Le juge d'instruction a également fait exhumer tous les défunts récents de la famille pour vérifier s'ils n'étaient pas, eux aussi, morts d'empoisonnement, mais ce n'était pas le cas.

Les empoisonnements ont été, de tout temps, le fait plutôt des femmes que des hommes, surtout à une époque plus ancienne où il n'y avait aucun autre moyen que celui d'utiliser la force physique pour tuer, ce qui laissait les femmes généralement plus dépourvues que les hommes.

Souvenez-vous de vos cours d'histoire : c'est sous le règne de Louis XIV (1643-1715) qu'eut lieu la fameuse « affaire des poisons » (1672-1679), l'un des plus grands scandales de son règne, car il avait impliqué jusqu'à la maîtresse du Roi, Madame de Montespan. L'affaire avait démarré en 1672, quand les enquêteurs avaient découvert, dans les affaires d'un officier de cavalerie décédé, des lettres de sa maîtresse, la marquise de Brinvillers, par lesquelles elle reconnaissait avoir empoisonné son père et ses deux frères à l'aide d'un mélange d'arsenic et de bave de crapaud. La marquise s'était enfuie d'abord en Angleterre, puis à Valenciennes, puis en Hollande et c'est finalement à Liège qu'elle fut arrêtée avant d'être extradée en France pour y être jugée puis exécutée, en 1676, par décapitation avant d'être incinérée et ses cendres dispersées.

Le dossier rebondit quelques années plus tard, en 1679, avec une affaire de messes noires au cours desquelles un prêtre officiait selon un rituel dit « satanique » et, notamment, disait la messe à l'envers, éventuellement sur le corps nu d'une femme, en faisant des sacrifices d'enfants nouveau-nés. L'affaire mêlait la magie, les poisons et quelques grands noms de la noblesse, ce qui conduisit Louis XIV à instituer une chambre ardente dirigée par le lieutenant de police La Reynie. Son enquête mena à l'arrestation de plusieurs empoisonneuses, dont Madame Montvoisin, dite « La Voisin », qui fournissait toutes sortes de potions, certaines peu dangereuses comme des philtres d'amour, mais aussi des poudres destinées à faire mourir un mari, un père, un frère, par exemple, et qui étaient vraisemblablement constituées d'arsenic. C'est de cette époque que l'arsenic tient son titre de « poudre de succession ». La fille de La Voisin fit des révélations qui mettaient en cause des grands du royaume, et notamment Madame de Montespan, la maîtresse en titre du roi Louis XIV qui se serait pourvue de potions telles que des philtres d'amour auprès de La Voisin. Son intention n'était sans doute que de continuer à profiter de l'amour du Roi, qui n'était pas connu pour sa fidélité. On dit que des messes noires auraient été réalisées sur son corps dénudé, mais cela n'est pas prouvé. Néanmoins, cette mise en cause ne fut pas étrangère à sa répudiation par le Roi. L'affaire des poisons mena à 442 inculpations, 104 jugements, 36 condamnations à mort, essentiellement de femmes.

Durant de très longs siècles, il fut impossible de mettre quelque poison en évidence sauf le cyanure, qui dégage une odeur d'amande amère perceptible par ceux qui sont codés génétiquement pour la sentir. Il faut en effet un gène particulier pour sentir le cyanure. Pas de gène, pas d'odeur.

En 1814, Orfila (1787-1853), médecin et chimiste, doyen de la faculté de médecine de Paris, publia son *Traité des poisons* qui devint, en 1826, le *Traité des poisons tirés des règnes minéral, végétal et animal ou toxicologie générale considérée sous les rapports de la physiologie, de la pathologie et de la médecine légale*, à une époque où la chimie analytique faisait ses premiers pas. Il y décrit chaque poison ainsi que les symptômes qu'il provoque, les classe en catégories puis s'attaque aux moyens de poser un diagnostic, encore très faibles à l'époque.

C'est en 1851 qu'un Belge parvint à mettre en évidence un poison, la nicotine. C'est cette substance que l'on trouve, avec d'autres saloperies, dans les cigarettes. À cette époque, Hippolyte Visart de Bocarmé, qui aurait été comte si son père ne lui avait pas survécu, souffrait de quelques problèmes financiers qu'il espérait régler grâce à l'héritage de Lydie Fougnies, qu'il avait épousée en 1843. Mais sa part d'héritage ne suffirait pas, il comptait alors aussi sur celle de son beau-frère, Gustave. Mais Gustave était toujours en vie et, pire, il envisageait d'épouser une aristocrate désargentée. Sous un faux nom, Hippolyte s'inscrivit à un cours de chimie à l'École industrielle de Gand où il apprit à extraire l'huile essentielle du tabac. Il en fabriqua une grande quantité qu'il testa sur des animaux avant d'en donner à son beau-frère lors d'une de ses visites au château de Bitremont (Bury, entre Tournai et Mons). Gustave mourut devant Hippolyte et sa sœur d'une prétendue crise d'apoplexie, ancien terme pour désigner la suspension brutale de l'activité cérébrale, le plus souvent par une hémorragie cérébrale. Les autorités locales, ne trouvant pas la mort très nette, firent réaliser une autopsie par trois médecins et chargèrent Jean-Servais Stas, un chimiste, de l'analyse toxicologique. Stas découpa les viscères en petits morceaux et les soumit à un procédé chimique fort proche de celui que l'on utilise encore aujourd'hui, qui lui permit de découvrir un alcaloïde qu'il identifia comme étant de la nicotine : « Je conclus qu'il y a eu chez le défunt ingestion de matières vénéneuses. Ces matières sont de la nicotine, alcali organique existant dans le tabac, et l'un des plus violents poisons connus.» Chez Hippolyte, les enquêteurs découvrirent, caché dans un faux plafond, un laboratoire de chimie; les jeux étaient faits. Hippolyte Visart de Bocarmé fut jugé coupable et guillotiné le 19 juillet 1851 sur la Grand-Place de Mons. S'il est le dernier guillotiné de Mons, Jean-Servais Stas est le premier à avoir démontré la présence de la nicotine.

Avec Jean-Servais Stas, l'ère scientifique a débuté qui allait permettre de découvrir de très nombreux poisons et de punir de nombreux coupables. Le poison avait achevé son règne puisque, maintenant qu'il était détectable, le crime l'était également et le criminel ne tardait pas à être confondu. Depuis cette époque, les empoisonnements ont considérablement régressé, voire disparu. S'ils sont devenus l'exception, il ne faut pas les négliger, car il en persiste encore quelques rares qu'il ne faut surtout pas rater.

Pour ma part, je n'ai connu qu'une seule autre histoire que j'ai détectée parce que le corps de la victime avait un retard manifeste d'apparition des rigidités et que c'est la caractéristique d'un type spécifique de poison.

Il y a quelques années, un homme, que nous appellerons Franz, qui avait vu ma tête à la télévision, a demandé un rendez-vous pour une expertise que ma secrétaire lui a accordé. J'en étais embêté, car je ne vois jamais personne que sous réquisition judiciaire, et ce n'était pas le cas. Je pensais devoir expliquer cela à cet homme, mais ça n'a pas été nécessaire : il venait pour tout autre chose. « Docteur, je viens vous voir parce que je m'endors devant la télévision.» J'ai maudit ma secrétaire d'avoir accepté ce rendez-vous avec un cinglé. « Mais moi aussi, cela m'arrive, Monsieur.

Non, Docteur, vous ne me comprenez pas. Ça ne m'arrive que certains jours. Je m'endors et il faut que ma femme me réveille le matin pour que j'aille au boulot et puis je suis vaseux toute la journée.» Cet homme commençait à m'intéresser, tout à coup. Il n'était pas cinglé du tout, bien au contraire. Il vivait avec sa femme, Antoinette, et leur enfant nouveau-né dans une maison classique, de construction récente.

« Et vous êtes le seul à présenter de tels signes ? Votre femme ne souffre pas des mêmes maux ?

— Non, Docteur.

— Et vous n'avez ces symptômes que le soir, jamais en journée ?

— Effectivement.

— Vous ne présentez pas d'autres symptômes tels que nausées, vomissements, maux de tête, syncopes, bourdonnements d'oreilles, douleurs d'estomac ? »

Après avoir épuisé tout mon stock de symptômes, il apparaissait qu'à part un endormissement profond, aucun autre symptôme n'existait, ce qui ne collait avec aucun des empoisonnements que je connaissais. M'est alors venue une idée qui allait nous fournir la solution.

« Vous mangez la même chose que votre femme ?

— Oui, Docteur.

— Il n'y a pas quelque chose que vous prenez et que votre femme ne prend pas ? » Après une courte réflexion, Franz m'a dit : « Si, le café, c'est elle qui me le prépare pendant que je regarde le journal télévisé. » J'avais une piste.

« Votre femme sait que vous êtes venu me voir ?

— Non, je n'ai pas voulu le lui dire, elle m'aurait pris pour un fou. » Je n'ai pas osé lui dire que c'était aussi mon premier sentiment.

« Pourquoi ne pas avoir consulté votre médecin traitant ?

— Parce que je n'en ai pas.

— Bien, voici ce que je vous propose de faire. »

Je lui ai confié sept pots de prélèvements qui servent d'habitude pour le sang ou pour l'urine en lui demandant de prélever chaque soir un échantillon du café qui lui était servi par sa femme avant d'en boire et de bien cacher le pot ensuite. Chaque pot portait une étiquette indiquant le jour de la semaine où il avait servi et il était convenu qu'il dessinerait une croix sur celui du jour où il s'était endormi.

« Docteur, vous pensez que ma femme m'empoisonne ?

— Je ne pense à rien pour le moment, mais je cherche à comprendre » : je ne voulais pas que son comportement soit modifié, ce qui risquerait d'attirer l'attention de sa femme que je soupçonnais être la cause de son problème, même si je ne savais pas encore de quelle manière.

La semaine suivante, Franz m'attendait avec une certaine impatience. Il avait tous les pots qu'il avait cachés sous le divan sur lequel il s'endormait devant la télévision. Sur mon conseil, il avait continué à ne rien dire à sa femme. J'ai confié les pots au laboratoire de toxicologie et une semaine plus tard et deux dodos de plus dans le divan, le rapport m'arrivait. J'ai de nouveau reçu Franz pour lui décrire le rapport et lui en expliquer les termes qui seraient facilement passés pour du chinois ancien pour un non-initié. Le labo avait mis en évidence du Valium, une benzodiazépine hypnotique, à fortes doses dans les pots qui étaient marqués d'une croix, ceux qui correspondaient aux jours où Franz s'était endormi. Franz était sous le choc, même s'il s'y attendait un peu depuis sa première visite et les questions que je lui avais posées.

Franz a déposé plainte à la police qui s'est aussitôt rendue à son domicile. Son épouse est rapidement passée aux aveux. C'est une histoire un peu folle. Elle avait accouché quelques mois plus tôt et ne voulait pas se séparer de son enfant. Mais Antoinette avait un amant et elle était également tiraillée par l'envie de le voir. Aussi, pour ne devoir sacrifier aucune de ses envies, elle faisait venir son amant à la maison tandis que Franz dormait dans le salon.

Franz a bien encaissé le coup puis, vu les circonstances, il est revenu me trouver pour demander un test de paternité. Il a eu raison, car ce test a montré qu'il n'était pas le père de l'enfant. Son monde s'écroulait pour laisser place à une nouvelle vie.

Une morte qui transpire et autres noyés

Samedi matin, je me lève exactement comme d'habitude, à 6 heures 20, car, pour ne pas perdre le rythme, le plus simple est encore de le garder. Bref passage par la salle de bain puis par la cuisine, mais juste pour vider le lave-vaisselle, car je ne déjeune jamais, puis je passe dans mon bureau où je vais passer le plus clair de ma journée à rédiger des rapports, répondre à mes derniers e-mails, faire mon agenda et m'acquitter des paiements en suspens, sauf quand je suis appelé pour la garde.

La garde médico-légale, c'est une moyenne de deux à trois appels par jour, essentiellement pour aller voir des défunts, mais parfois aussi, par exemple, pour examiner une personne qui se plaint d'agression sexuelle ou pour examiner des enfants suspectés de faire l'objet de mauvais traitements.

Il est vers 10 heures du matin lorsque mon téléphone sonne. « Allô, Docteur? Pourriez-vous vous rendre à... une dame a été découverte morte dans son salon et les pompes funèbres sont intriguées. » Quand les pompes funèbres se posent des questions sur un défunt, il vaut mieux les écouter et commencer à s'inquiéter, car elles ont tellement l'habitude de voir des morts qu'un simple sentiment de malaise de leur part par rapport à un défunt doit nécessiter des investigations médico-légales.

C'est une petite maison dans une rue qui borde une rivière, dont la porte d'entrée donne directement sur la pièce de vie, comme dans les habitations ouvrières des siècles passés.

Le corps est là, couché sur un divan en similicuir brun et couvert par une couverture qui laisse le visage découvert. Le visage d'Anita semble apaisé, mais il ne faut pas s'y fier. Je sais que cela rassure toujours les familles et les proches de voir que le visage de leur défunt est serein, mais cela ne sert qu'à les rassurer, leur mettre un peu de baume au cœur dans des moments particulièrement difficiles : cela ne signifie strictement rien, comme nous allons le voir.

Anita est nue dans le divan et ses cheveux montrent une humidité anormale, vraisemblablement entretenue par le similicuir. Les policiers m'expliquent qu'Anita est mariée avec François, qu'ils vivent ensemble et ne sont pas connus pour avoir des problèmes conjugaux. Aucun d'eux n'est connu de la police. La veille au soir, après avoir mangé ensemble, Anita a mis leurs enfants de 1 et 2 ans au lit, puis ils ont regardé *Vendredi tout est permis* avant de monter se coucher.

Au réveil, vers 8 heures, François a constaté qu'Anita n'était plus au lit. Il ne s'en est pas trop inquiété, se disant qu'elle s'occupait des enfants qui l'avaient sûrement réveillée. Lui, il a le sommeil lourd, mais pas Anita, qui se réveille au moindre bruit.

Après un bref passage dans la salle de bain, François est descendu et a trouvé Anita inanimée dans le divan du salon tandis que les enfants jouaient dans leur parc. Il a aussitôt appelé le médecin de garde, signalant le décès de son épouse. Le médecin a rédigé le certificat de décès, puis François a appelé les pompes funèbres. À aucun moment, il n'a téléphoné au 112.

Je débute donc mon examen en constatant que les longs cheveux bruns d'Anita sont humides, ce qui n'est pas normal. C'est à ce moment-là que François fait irruption dans la pièce.

Lors d'un examen de corps, le médecin légiste reste toujours seul avec les policiers, personne n'est autorisé à assister à cet examen et surtout pas un membre de la famille, vu la charge émotionnelle qui est la leur. Mais puisque François est là, je lui demande, intrigué, pourquoi les cheveux de son épouse sont humides. François m'explique qu'Anita est un « vrai radiateur », qu'elle a toujours chaud, même en hiver, qu'elle dort avec peu de draps, voire qu'elle descend se coucher dans le divan du living, car il y fait plus froid.

« Nue ?

— Oui, nue, elle a trop chaud, sinon.

— Et les cheveux ?

— Oui, ils sont humides, c'est normal, elle transpire beaucoup. »

Je me dis en moi-même que, à ce compte-là, ce n'est pas transpirer qu'elle fait, mais carrément uriner par les cheveux, premier cas de l'histoire, le Nobel est à ma portée avec un cas pareil. Et puis je remarque du liquide mousseux qui vient par la bouche et par le nez, en bien plus grande quantité quand j'ouvre la bouche d'Anita. Je viens de mettre en évidence un « bouchon muqueux ».

Le bouchon muqueux est obtenu par mélange d'air présent dans les poumons, de l'eau de noyade et de surfactant, produit qui tapisse la paroi des alvéoles pulmonaires. Il est le témoin précoce et temporaire de la noyade. De manière générale, pour nos autorités, les noyés sont cette catégorie de défunts dont on sort le corps de l'eau. En clair, de la même manière que tout corps plongé dans l'eau en ressort mouillé, tout défunt que l'on trouve dans l'eau en ressort noyé. Néanmoins, il y a trois types de « noyés », ceux qui ont vraiment inhalé de l'eau et qui en sont morts, ceux qui meurent par hydrocution ou choc thermique, et ceux qui étaient déjà morts quand on s'en est débarrassé en les jetant à l'eau.

Comment pouvons-nous faire la différence ? Nous avons tous joué à cela dans une piscine, on se met au fond et on retient sa respiration le plus longtemps possible. La durée de l'apnée dépend surtout de l'entraînement que nous en avons, mais, quel que soit cet entraînement, survient toujours un moment où on a envie de respirer. On se retient puis, quand on n'y tient plus, on remonte à la surface. La personne qui se noie, elle, ne parvient pas à remonter à la surface et, après être parvenue à retenir ses mouvements respiratoires, il y a un moment où elle n'y parvient plus et elle respire... de l'eau, elle inhale donc de l'eau.

Après un court instant, cette personne perd connaissance puis progressivement passe en coma qui se transforme en décès, notamment parce que les cellules cardiaques n'ont plus l'oxygène nécessaire pour fonctionner. De l'eau est entrée dans les poumons alors que la personne vivait toujours et donc que le sang circulait toujours. Cette entrée d'eau dans les poumons d'une personne vivante est à l'origine de deux éléments indiciaux fondamentaux pour nous.

En premier, il y a la formation du bouchon muqueux que j'ai déjà décrit comme étant constitué de l'eau de noyade, de l'air présent dans les poumons au moment de la noyade et de surfactant pulmonaire. Ce bouchon muqueux sort par le nez et la bouche en formant une espèce de champignon plutôt blanc. Le problème de cet indice, c'est qu'il n'arrive pas à tous les coups et que sa durée ne dépasse, en général, pas vingt-quatre heures. Or, les corps qui me sont amenés sont souvent dans l'eau depuis plus de dix jours, le temps qu'ils remontent à la surface grâce à l'action des gaz de putréfaction. Lorsque ces corps m'arrivent, le bouchon muqueux a donc nécessairement disparu.

En second, il y a l'existence des diatomées, un phytoplancton (plancton végétal) que l'on trouve dans toutes les eaux de noyade. Elles ne sont pas visibles à l'œil nu puisqu'elles mesurent de 2 à 200 millionièmes de mètre, elles ne le sont qu'au microscope. Leur petite taille fait qu'elles peuvent passer la paroi de l'alvéole pulmonaire et passer dans le sang qui, puisque la personne est toujours vivante, circule toujours, on peut donc en retrouver dans tout l'organisme. Nous faisons donc des prélèvements pour vérifier leur présence. Et cet indice-là, il persiste aussi longtemps que le corps lui-même.

L'hydrocution ou choc thermique ne laisse aucune trace tandis que si la personne a été tuée avant d'être jetée à l'eau, on retrouve souvent les traces de la cause de décès.

Anita présente donc un bouchon muqueux. François, qui a remarqué mon étonnement, me dit : « Ça vient tout le temps, j'ai beau l'enlever, ça revient tout de suite. » J'explique donc à François que ce bouchon muqueux est la preuve que son épouse est morte noyée et qu'à moins que le cours d'eau, de l'autre côté de la rue, ne soit sorti de son lit pendant la nuit, ait envahi sa maison et seulement sa maison, il y a un souci.

Les policiers emmènent François pour l'interroger. Face aux arguments que j'ai développés, François explique rapidement que son couple n'allait pas bien du tout, surtout depuis la naissance des enfants, deux naissances très rapprochées qu'ils avaient eu du mal à assumer et que, ce matin, il s'était disputé avec Anita qui prenait son bain, couchée dans sa baignoire. Il a vu noir et lui a poussé la tête sous l'eau.

Il ne voulait pas la tuer, elle est juste morte très vite, selon ses explications, ce qui est peu probable. Il faut au moins que la personne respire sous l'eau, ce qui peut durer, mais qui, dans des situations de stress, arrive plus vite que quand on fait de l'apnée bien calmement dans une piscine. Quand il a vu ce qu'il avait fait, il l'a sortie de la baignoire et a essayé de la ranimer. Il n'a pas appelé le 112, mais un médecin de garde et il a descendu le corps d'Anita dans le living. Le médecin de garde a signé le certificat de décès en constatant ce qui, selon lui, était une mort naturelle.

Encore une mort qui allait « passer au bleu » si les pompes funèbres n'avaient pas eu cet instinct inouï. Je n'ose penser à ce qui serait advenu si François avait attendu encore quelques heures avant de les appeler ou s'il avait pensé à sécher les cheveux d'Anita.

Les noyés font partie de l'activité du médecin légiste, surtout dans une ville où coule un fleuve, ce qui est le cas de la mienne. Dans ma belle cité de Liège, les corps qui séjournent dans l'eau, noyés ou non, remontent à la surface en général après dix jours, mais ça varie d'un fleuve à l'autre en fonction de la température. Il arrive aussi qu'ils ne remontent pas, sinon beaucoup plus tard.

Une voiture a été extraite d'un cours d'eau. Les policiers m'ont téléphoné en me demandant de venir avant qu'ils ne préviennent le magistrat de garde, car ils hésitent quant à savoir si c'est bien un homme qui se trouve dans la voiture. En fait, comme souvent, le corps n'a plus de membres ni de segment crânien, emportés par le courant, mais les côtes que je vois paraître au haut du corps sont bien humaines. Nous sortons le corps pour que je puisse l'examiner. Il n'en reste pas grand-chose, juste le tronc.

Nous l'amenons en salle d'autopsie, ce sera l'une des plus courtes autopsies de ma vie. À l'ouverture du corps, il ne reste rien, le thorax et l'abdomen sont quasiment vides. Je ne suis en mesure de dire qu'une seule chose, c'est qu'il s'agit d'une femme.

Quant à l'identifier, puisque la tête a disparu, plus question d'examiner les dents et puisque les membres supérieurs ont également disparu, plus question de réaliser une étude des empreintes digitales. Il ne persiste que la possibilité de prélever de l'ADN afin de l'analyser. Mais cela ne marche pas, car, pour cela, il faut disposer de cellules encore plus ou moins intactes. Vu son état de putréfaction, il ne doit plus y en avoir une seule dans ce corps.

Finalement, c'est par sa plaque minéralogique et par le fait que cette voiture appartenait à une dame réputée pour être suicidaire, disparue depuis aussi longtemps que la voiture, qu'on a pu l'identifier.

Histoires de cour d'assises

La cour d'assises est une juridiction particulière où, en Belgique comme en France, les juges ne sont pas seulement des magistrats, mais également des membres de la société civile, tirés au sort sur les listes électorales de la province en Belgique, du département en France. En France, les décisions de la cour d'assises sont susceptibles d'appel depuis une loi de 2000, ce qui n'est pas le cas en Belgique. De même, leur compétence risque d'être réduite en France pour accélérer les procédures qui sont, il est vrai, plus lourdes devant la cour d'assises que devant d'autres juridictions.

J'avais 27 ans et je comparaissais pour la première fois devant la cour d'assises pour présenter mon rapport d'autopsie. Quel stress j'avais alors! Et il y avait de quoi, tout est fait pour que ce tribunal soit impressionnant, depuis le nombre de personnes qui vous regardent jusqu'aux tenues des magistrats, vêtus de rouge pour le président de la cour et le représentant du ministère public, ce qui ajoute encore à l'impression. Ils sont vêtus de rouge, m'a-t-on expliqué, car l'un peut condamner à mort et l'autre peut requérir la mort, une mort sanglante, par décapitation, que rappelle la couleur de leur toge.

En Belgique, cela fait longtemps, depuis 1996, que la peine de mort est abolie. Elle n'était d'ailleurs plus pratiquée depuis 1918. Le Roi accordait toujours sa grâce au condamné à mort qui la lui demandait, c'était une tradition, à tel point qu'on avait même oublié que la peine de mort existait toujours dans le Code pénal.

En France, le dernier condamné à mort fut exécuté en 1977 avant que la peine de mort soit abolie en 1981 suite à un inoubliable plaidoyer de Robert Badinter devant l'Assemblée nationale.

Si vous passez par Liège et que vous avez la bonne idée de visiter le musée de la Vie wallonne, vous verrez, dans une pièce sombre du palier du premier étage, la dernière guillotine liégeoise. Elle n'est pas seule dans cette pièce. Elle est accompagnée, derrière une vitrine, de la tête momifiée de sa dernière victime, le dernier guillotiné liégeois, Noël Rahier.

Cet homme s'était rendu coupable du meurtre du curé d'un village aux environs de Liège qui l'avait surpris alors qu'il le volait. Malgré ses dénégations, Rahier a été confondu par des témoignages de plusieurs villageois qui l'avaient reconnu et par la découverte à son domicile de linges brodés au nom du curé. Pas très malin, le bonhomme. C'en était fait de lui, et la cour d'assises n'a eu aucun mal à le reconnaître coupable et à le condamner à mort. Il a été exécuté le 26 février 1824, et c'est la dernière fois que la guillotine liégeoise a servi.

Chose étonnante et unique à Liège, la jeune université, fondée en 1817, ne disposait pas encore de pièces anatomiques dignes de ce nom, indispensables à cette époque pour enseigner l'anatomie aux étudiants et la tête a été confiée à un professeur dont l'histoire n'a pas retenu le nom, qui l'a momifiée. Elle est restée dans les collections de neuroanatomie durant de nombreuses années. Elle a fini dans une caisse où j'ai pu, alors que j'étais élève-assistant (moniteur) en anatomie topographique (dissection), la manipuler, privilège rare. Depuis un peu plus de deux siècles, cette tête est parfaitement conservée, la bouche entrouverte laissant apparaître les dents, les yeux fermés, les cheveux blonds encore bien visibles. Elle a disparu quelque temps puis est réapparue et a été cédée au musée de la Vie wallonne pour servir à l'histoire liégeoise. Cette cour d'assises, je l'ai fréquentée à plus de trois cents occasions. J'ai même un peu l'impression de faire partie des meubles. J'ai vu passer quantité de magistrats, de jurés, d'accusés et j'y ai vécu quantité d'histoires. En voici quelques-unes.

Il y avait cet avocat qui disait à sa stagiaire : « Quand tu poses une question à un expert, tu dois toujours déjà connaître la réponse. » Il n'avait pas remarqué que je l'entendais, c'était mon assistant qui causait à ce moment-là, mon tour allait venir. « Docteur, vous avez réalisé l'autopsie, que pouvez-vous nous en dire ? »

Il s'agissait d'une histoire d'ivrognes. Tant le mari que son épouse étaient de parfaits alcooliques chroniques. J'avais été appelé un matin parce que Monsieur avait trouvé Madame morte au pied de leur lit. Le médecin traitant était arrivé en même temps que l'ambulance, rapidement suivie par la police. Il avait trouvé ce décès un peu suspect, contre l'avis des policiers, à cause de l'état des deux époux. Sur réquisition du procureur, j'étais descendu sur place et avais découvert, sur le corps de la victime, des traces très nettes de strangulation manuelle. J'en avais prévenu le procureur qui avait saisi le juge d'instruction et requis la police judiciaire, de même que le labo. L'autopsie avait permis de confirmer que Madame était décédée par strangulation manuelle démontrée par des traces de doigts et des traces d'ongles très caractéristiques en région du cou, tant en antérieur qu'en latéral gauche et droit et même à la nuque. L'auteur s'était visiblement acharné sur sa victime, c'était passionnel.

Le mari s'est toujours défendu d'avoir commis les faits et l'enquête l'a mené devant la cour d'assises, où il niait toujours avoir tué son épouse. Sa ligne de défense était que quelqu'un d'autre était entré chez eux, l'avait étranglée puis était parti. C'est le genre de défense un peu débile qu'adoptent certains, ce n'était pas la première fois (ni même la dernière) que je l'entendais.

J'ai fini mon exposé, l'avocat s'est levé : « Docteur, vous avez examiné mon client et avez constaté qu'il se rongeait les ongles, vous avez d'ailleurs utilisé un terme fort plaisant, vous l'avez qualifié d'onychophage.

— C'est exact, Maître.

— Dans ces conditions, a repris l'avocat, pouvez-vous m'expliquer comment, n'ayant plus d'ongles, il pouvait laisser de telles traces dans le cou de la pauvre victime, son épouse qu'il chérissait ?

— Monsieur le président, mon assistant, ici présent, est onychophage, et m'adressant à lui : Peux-tu montrer tes mains ?» Mon assistant s'est exécuté. « Monsieur le président, comme vous pouvez le constater, il a encore des ongles. Onychophage signifie qu'il se ronge les ongles, pas qu'il n'en a plus. Et, dans le cas qui nous occupe, si c'est Monsieur qui a commis les faits dont il est accusé, c'est bien la preuve de l'acharnement que je décrivais, car c'est en raison de l'acharnement que j'ai décrit qu'il aurait pu laisser de telles traces. »

L'avocat est resté interdit un court instant puis, se tournant vers sa stagiaire : « Tu vois, quand tu ne connais pas la réponse, tu ne poses pas la question. »

Autre cour d'assises, autre histoire.

« Docteur, a dit l'avocat de la défense, vous avez négligé de mentionner un élément très important dans votre rapport d'autopsie.

— Ah bon, merci d'éclairer ma lanterne, Maître.

— Mais oui, vous n'avez pas dit que la vésicule biliaire de la victime était remplie de lithiases, de calculs.

— Non, Maître, car cela n'a aucun intérêt dans le cas qui nous occupe.

— Ah, vous trouvez ? a repris l'avocat, eh bien vous vous trompez, c'est au contraire très important, c'est la preuve que la victime était bilieuse, d'un tempérament colérique et agressif. Et c'est contre ce tempérament qui le conduisait à agresser mon client que mon client a dû se défendre. » Je n'en revenais pas. Cet avocat avait, à l'évidence, une culture médicale qu'il avait dû apprendre en lisant les comédies de Molière. Depuis le XVIIe siècle, la médecine a heureusement évolué.

« Monsieur le président, je vous prie d'excuser ma tenue de ce jour. En effet, à entendre monsieur l'avocat, j'aurais dû me présenter devant vous vêtu d'une longue chasuble noire, coiffé d'un chapeau pointu et affublé d'un masque à long bec destiné à recevoir des parfums qui auraient, à n'en pas douter, chassé toute possibilité de maladie de ce prétoire, car c'est bien là le costume de médecin de l'époque à laquelle nous ramène monsieur l'avocat. C'est avec un certain brio que monsieur l'avocat nous rappelle la théorie des humeurs inventée par Hippocrate vers 400 avant Jésus-Christ et révolue depuis le XVIIe siècle. » L'avocat a eu encore quelques balbutiements avant de se rasseoir sous le sourire et même le rire discret de tout le jury, des magistrats et de ses confrères représentant les parties civiles. Même l'accusé souriait.

Autre cour d'assises, autre affaire, celle d'un homme accusé d'avoir tué une femme d'une manière inimaginable. Il avait introduit sa main dans le vagin et vraisemblablement dans l'anus et lui avait arraché tous les organes en la vidant par le bas. Dans ce geste, il avait arraché l'aorte abdominale descendante, engendrant un décès quasi immédiat par hypovolémie, c'est-à-dire par une importante perte de sang. C'était juste inouï, incroyable, inimaginable, les termes me manquent aujourd'hui encore pour décrire ce qu'il s'était passé. J'avais été en descente chez l'accusé et y avais trouvé des projections de matières organiques sur les murs de la chambre, seule et unique pièce de vie de son studio, de même que dans les siphons de sa baignoire et de ses deux éviers. Les policiers avaient, lors de la même perquisition, retrouvé le manteau de la victime au porte-manteau. On avait retrouvé le corps de la victime à l'intérieur d'un matelas enroulé autour d'elle et abandonné en rue quelques jours plus tôt.

À la fin de mon intervention devant la cour, le président m'a demandé : « Docteur, combien de temps peut-on vivre dans un tel état ?

— Monsieur le président, la mort est immédiate, dès que l'aorte est rompue, il ne peut être question de survie.

— Donc, la victime ne peut pas s'être déplacée puis s'être présentée au domicile de l'accusé dans cet état, contrairement à ce qu'il affirme ?

— C'est totalement impossible, Monsieur le président. »

Puis le président s'adressant à l'accusé :

« Maintenez-vous vos affirmations ?

— Oui, oui, Monsieur le président, elle est arrivée comme ça, je n'ai rien fait.

— Mais vous avez entendu le légiste dire que c'était impossible. Qu'avez-vous à répondre ?

— Je ne sais pas, demandez à un docteur. »

Je ne compte plus les pertes de connaissance des jurés trop sensibles à ma description des coups portés aux victimes. Et pourtant, ce serait pire si j'étayais mes propos avec des photos prises lors de l'autopsie, ce que je ne fais jamais, car j'estime que c'est beaucoup trop choquant et que cela risque de les impressionner, de jouer sur leurs émotions alors qu'ils doivent réagir et agir selon ce que leur raison leur commande. À deux reprises, j'ai également vécu la perte de conscience non feinte de l'accusé. C'est plus rare, mais cela arrive aussi.

La cour d'assises est devenue, pour moi, comme un jeu de rôle, surtout avec l'âge qui fait que, dans de petites villes comme la mienne, j'ai appris à connaître de nombreux acteurs du procès, tant les magistrats que le ministère public et les avocats. Mais, et cela peut paraître surprenant, sitôt passée la porte de la cour, j'entre dans un autre monde où je sais que rien ne me sera épargné et où tout peut surprendre.

« Docteur, vous avez donc réalisé l'autopsie de M. X., que pouvez-vous nous en dire ?

— Excusez-moi, Monsieur le président, mais je n'ai pas réalisé d'autopsie dans ce dossier.

— Ah bon, pourquoi êtes-vous là, alors ?

— Pour vous parler de l'examen de ce monsieur, Monsieur le président.

— Un examen, mais qui l'a autopsié, alors?

— Personne, Monsieur le président, il est toujours en vie, je viens de parler avec lui en salle d'attente.»

C'est vrai qu'il y avait de quoi se tromper. Cet homme avait reçu un projectile tiré par un *riot gun* à moins d'un mètre de distance. Ce coup de feu avait été tiré en pleine rue par l'amant de sa femme au moment où une ambulance passait à leur hauteur. L'ambulance, qui revenait d'une course, l'a immédiatement chargé et l'a conduit, toutes sirènes hurlantes, 1,5 km plus loin dans un grand hôpital liégeois au moment où des chirurgiens vasculaires finissaient une intervention. Il ne leur a pas été laissé le loisir de se dévêtir que notre homme était amené en salle d'opération. Le ventricule droit était touché, mais il vivait encore. Ils l'ont opéré et sauvé. Ces circonstances étaient juste exceptionnelles et on comprend la surprise de ce magistrat. C'est l'une des rares fois où j'ai vu rire aussi bien la cour que le public, et même l'accusé.

J'ai vu rire une cour à une autre reprise et j'en étais gêné, car j'en étais la cause. Un homme était jugé pour le meurtre d'une personne et le viol d'une autre. J'avais dû l'examiner alors qu'il était en prison. Plus précisément, je devais examiner son sexe au repos et si possible en «action», comme le disait le réquisitoire, et le caractériser par les termes «petit, moyen, grand, très grand, disproportionné». J'avais cru rêver en voyant ce réquisitoire. Incrédule, j'avais téléphoné au magistrat qui m'avait confirmé que ce n'était pas une blague.

Dans ces conditions, il me fallait de quoi inciter, de quoi susciter l'érection de l'homme que je devais examiner. Je me suis donc rendu dans une librairie où j'ai demandé au vendeur: «Qu'avez-vous comme revues pornographiques?» Visiblement interloqué, le vendeur, sur un ton bien plus bas que le mien, m'a indiqué la rangée du haut du rayon des revues. Comme je ne connaissais guère cette forme de littérature, je lui ai demandé de me donner deux des meilleurs titres, ce qu'il a fait. C'est au moment où je lui ai demandé une facture qu'il a cru que c'était une caméra cachée. J'ai eu toutes les peines du monde à le convaincre du contraire. Il n'empêche que j'aurais bien aimé voir la tête du contrôleur des finances du ministère de la Justice quand il a vu passer la facture.

— Me voici à l'infirmerie de la prison avec le détenu. « Monsieur, je suis médecin légiste mandaté par le magistrat pour examiner votre pénis au repos et, si possible, en action, je dois le mesurer.

— Oui, mon avocat m'a prévenu, ils auraient pu envoyer une gonzesse.

— Désolé, Monsieur, mais il faudra faire sans. Je vous ai amené quelques revues pour vous aider.» Après lui avoir mesuré la verge au repos, je lui ai indiqué une petite pièce où il pourrait s'isoler. Après de longues minutes, il m'a rejoint dans la pièce à côté et m'a montré tout ce qu'il avait réussi à faire dans de telles conditions, et c'était peu de chose.

« Votre érection n'est pas complète, mais on va faire avec.

— Vous savez, Docteur, ce n'est pas simple, dans ces conditions », et j'étais bien d'accord avec lui.

Est arrivé mon passage en cour d'assises. J'ai d'abord présenté le rapport d'autopsie puis le président m'a dit, avec ce petit sourire dont il avait le secret : « Docteur, je vous ai confié une autre mission qui résulte du fait que Madame Y. a déclaré avoir été contrainte à réaliser une fellation sur le sexe de Monsieur X., qu'elle a décrit par les mots suivants : "Il était énorme". Je vous demande donc ce qu'il en est de vos propres constatations.» C'était donc pour ça que j'avais reçu une mission si spéciale.

« Eh bien, Monsieur le président, je me suis donc rendu à la prison où j'ai pu, conformément à votre réquisitoire, examiner le pénis de Monsieur X., au repos. Par contre, en action, ça a été plus compliqué.» Ne me laissant pas achever ma phrase, l'accusé, se sentant visiblement atteint dans sa virilité, s'est levé et a déclaré : « Monsieur le président, je suis à la disposition du docteur quand il veut pour lui montrer que je suis un homme.»

Sans me laisser démonter, j'ai ajouté : « Ce ne sera pas nécessaire, Monsieur le président, car nous avons un double problème qui rend cet examen fort difficile à interpréter. D'abord, nous n'avons pas d'abaque, pas de tableau, pas de référentiel qui nous permettrait de savoir ce qu'est un pénis petit, moyen, grand, très grand ou disproportionné. » Jusque-là, tout s'était bien déroulé, mais ça allait se compliquer. J'avais espéré pouvoir croiser le président avant mon audition pour lui en parler. J'avais également tenté de le joindre par téléphone, mais il n'était, bien évidemment, pas disponible pour répondre. « D'autre part, Monsieur le président, comment vous dire ? Vous savez que, dans la vie, beaucoup de choses sont relatives, eh bien, c'est le cas ici. Ce qui est petit pour l'un sera grand pour un autre.

Que voulez-vous dire, Docteur ? Expliquez-vous ! » m'a alors imposé le président sur un ton impérieux. J'étais coincé, je me suis lancé et avec la plus grande délicatesse dont je suis capable, j'ai dit : « L'appréciation de la taille du sexe de ce monsieur dépend de l'anatomie de Madame, il faudrait, de toute façon, le comparer avec sa capacité d'ouverture buccale. » Éclat de rire général. Suspension d'audience. J'étais un peu gêné.

ÉPILOGUE

« Comment pouvez-vous faire ce métier, docteur ? »

« Comment pouvez-vous faire ce métier, Docteur ? » fait partie des phrases les plus souvent entendues au cours de ma carrière, avec « Comment faites-vous, Docteur ? », « Vous n'en rêvez pas la nuit ? », « Comment faites-vous pour vivre avec tout ce que vous voyez ? » En clair, toutes ces questions pourraient être synthétisées sous cette seule question : « Êtes-vous normal, Docteur ? »

C'est une bonne question, et je crois pouvoir répondre par l'affirmative. Je vis normalement, avec ma famille, j'ai une vie sociale très bien remplie, j'ai, en effet, beaucoup de relations, de copains et d'amis, je ne manque jamais une occasion de m'amuser, mes temps de midi sont sacrés et le plus souvent occupés par un rendez-vous au restaurant, sauf quand je suis de garde. Je n'ai pas de perversion connue et, surtout, j'ai un cerveau qui fonctionne par tiroirs. La médecine légale, c'est un tiroir, tandis que ma vie extraprofessionnelle, ce sont plein d'autres tiroirs et il n'y a pas d'interconnexion entre eux, sauf si je le souhaite.

Il y a quelques années, une équipe de télévision m'a accompagné. Nous étions en voiture, en route entre deux examens de défunts, la caméra tournait, mais je ne l'avais pas vue lorsque la journaliste, Sophie, m'a demandé : « Et comment sort-on d'une affaire pareille, Docteur ? » J'ai répondu : « Par la porte », ce qui l'a laissée un peu perplexe, mais qui était, de mon point de vue, parfaitement exact. Nous venions de voir un mort, vraisemblablement son premier, ce qui l'avait un peu secouée et qui lui avait fait nourrir des questions existentielles (Qui suis-je ? D'où viens-je ? Quel est le sens de la vie ? Y a-t-il quelque chose après la mort ?) auxquelles la médecine légale ne donne aucune réponse, bien entendu. En une phrase, je l'ai ramenée de la philosophie à la réalité, brutalement et avec une pointe d'humour.

Il me faut conclure, non que je n'aie plus d'histoires à raconter, mais parce que tout a une fin, non seulement ce livre, mais même la vie, alors n'oubliez pas d'en profiter tant qu'elle vous sourit, dans le respect des autres et de vous-même, avant que ce soit la mort qui vous sourie.